So sind sie, die

Polen

Ewa Lipniacki

W0344658

Die Fremdenversteher

Impressum

Ewa Lipniacki
So sind sie, die Polen

erschienen im
Reise Know-How Verlag Peter Rump GmbH
Osnabrücker Str. 79, 33649 Bielefeld

© der deutschsprachigen Ausgabe Reise Know-How Verlag Peter Rump GmbH 2017
1. Auflage 2017

Alle Rechte vorbehalten.

Titel der englischen Originalausgabe:
Xenophobe's guide to The Poles
© Xenophobe's Guides Ltd.

Deutsch von Elfi H. M. Gilissen

Gestaltung
Umschlag: Franziska Feldmann (Layout), der Verlag (Realisierung)
Inhalt: Günter Pawlak, FaktorZwo (Layout), der Verlag (Realisierung)
Zeichnungen: Gunda Urban und Franziska Feldmann

Redaktion
Thorsten Altheide

Druck und Bindung:
Media-Print, Paderborn

Printed in Germany

ISBN 978-3-8317-2870-1
ISBN epub 978-3-8317-4861-7
ISBN mobi 978-3-8317-4862-4

Dieses Buch ist erhältlich in jeder Buchhandlung Deutschlands, der Schweiz und Österreichs:
Bitte informieren Sie Ihren Buchhändler über folgende Bezugsadressen:
Deutschland
Prolit GmbH, Postfach 9, D-35461 Fernwald (Annerod) sowie alle Barsortimente
Schweiz
AVA Verlagsauslieferung AG, Centralweg 16, CH-8910 Affoltern am Albis
Österreich
Mohr Morawa Buchvertrieb GmbH, Sulzengasse 2, A-1230 Wien

Wer im Buchhandel trotzdem kein Glück hat, bekommt unsere Bücher auch über:
www.reise-know-how.de

Inhalt

„Geopolitik ist der wichtigste Architekt des polnischen Charakters“

In Polen leben 38 Mio. Menschen. Zum Vergleich: In Schweden sind es 10 Millionen, in Deutschland 81 Millionen, in Tschechien 10 Millionen, in der Slowakei 5 Millionen, in Ungarn 10 Millionen, in der Ukraine 44 Millionen, in Litauen 3 Millionen, in Weißrussland 10 Millionen, in Russland 144 Millionen, in Großbritannien 64 Millionen und in den USA 321 Millionen.

Polen ist 1½ mal so groß wie Spanien, etwas kleiner als Deutschland, aber es würde 54 mal in Russland hineinpassen.

Nationalismus & Identität

Eine kleine Warnung vorab

Vor langer, langer Zeit zogen die drei slawischen Brüder Czech, Lech und Rus an einem schönen Frühlingsmorgen aus, um eine neue Heimat zu suchen. An der ersten schönen Lichtung gründete Czech das Land der Tschechen. Die beiden anderen zogen weiter, bis Lech einen Adler beim Nestbau entdeckte. Er hielt dies für ein Zeichen Gottes und gründete an dieser Stelle Gniezno, die erste Hauptstadt Polens. Rus reiste allein weiter.

Die Standortwahl von Lech gehört wohl zu den zehn schlechtesten Entscheidungen in der Geschichte des Landes, denn Polen ist eine flache, offene Ebene, die von Militärexperten als „ein idealer Ort für eine Feldschlacht“ beschrieben wird (heutzutage allerdings nicht länger in Form von Invasionen, sondern für NATO-Manöver u. Ä.). Fast jedes europäische Land hat irgendwann auf polnischem oder um polnischen Boden gekämpft – sogar die Schweden, so erstaunlich das auch klingen mag! Für ganze Jahrhunderte verschwand Polen gänzlich von der Weltkarte.

» Fast jedes europäische Land hat irgendwann auf polnischem oder um polnischen Boden gekämpft.

Aber die Vergangenheit ist eine andere Geschichte. Heute ist Polen geradezu auf schwungvolle Weise unabhängig und will es auch bleiben. Es hat seinen festen Platz innerhalb der EU eingenommen. Es ist heute ebenso bereitwillig Gastgeber für amerikanische Raketenbasen wie einst für die russischen.

Die einzigen zu erwartenden oder erhofften Invasionen sind solche durch Touristen und Investoren.

Wie die Polen sich selbst sehen

Polen sind selbstkritisch. Sie kennen sich selbst nur allzu gut, mit all ihren Fehlern und Schwächen. Gerne reiten sie immerzu auf ihren Schwachstellen herum. Es gibt kein Problem, sei es gesellschaftlicher, politischer, wirtschaftlicher, nationaler oder lokaler Art, das nicht immer wieder minutiös zerlegt wird, um dann in jeder erdenklichen Art und Weise wieder zusammengesetzt und endlos diskutiert zu werden. Es gibt keine nationalen Eigenheiten, weder real noch imaginär, über die nicht geklagt wird und deren Konsequenzen dann aufgezählt werden. Wenn es aber darum geht, den Worten Taten folgen zu lassen, na ja, dann wird's schwierig mit den Polen. Sie sind streitlustig, undiszipliniert, führen Dinge nicht zu Ende, sie sind wie Strohfeuer, wie jeder Pole wieder und wieder betonen wird.

» Die Polen sind streitlustig, undiszipliniert, führen Dinge nicht zuende, sie sind wie Strohfeuer, wie jeder Pole wieder und wieder betonen wird.

Das alles ist jedoch ein Spiel, das man nur unter sich spielt. Polen mögen es gar nicht, wenn Außenstehende sie auf ihre Fehler hinweisen. Werden sie angegriffen, verteidigen sie jede Schwäche, wobei sie in der Regel anfangen mit „Du kannst das doch gar nicht beurteilen! Das ist ein typisch polnisches Problem!" Beharrt man weiter auf einem Fehler, beleidigt man sie. Polen sind nur allzu schnell beleidigt, aber es währt zum Glück nie lange. Die perfekte Lösung für ihre Probleme kommt ihnen meist zu fortgeschrittener Stunde, wenn der Alkoholdunst die Gemüter erhitzt hat. Aber in der Katerstimmung am darauffolgenden Morgen ist alles wieder vergessen.

Wie sie über andere denken

Slawische Bruderschaft hin oder her, die Polen waren schon immer der Meinung, Osten ist Osten, aber der Westen ist am besten. Beides trifft an der östlichen Grenze Polens aufeinander. Wenn man das Geld sprechen ließe, würde es den Polen raten, für Ruhm und Reichtum gen Westen zu ziehen, da die Länder im Osten reich an armen Menschen sind, die sich keine polnischen Klempner leisten können.

» Slawische Bruderschaft hin oder her, die Polen waren schon immer der Meinung, Osten ist Osten, aber der Westen ist am besten.

Ihre russischen Nachbarn halten sie für brutal, ein zum Regiertwerden geborenes Volk, ohne Unternehmergeist und Fleiß. Ein Volk, das seine Erfolge nur seiner zahlenmäßigen Überlegenheit und dem Besitz von unverzichtbaren Rohstoffen zu verdanken hat. Auch wenn sie sich vor der russischen Mafia fürchten, denen sie die Schuld an der Zunahme der Kriminalität auf polnischem Boden geben, so waren die Polen trotzdem schnell zur Stelle, um das Beste aus den sich ergebenden Handelsmöglichkeiten mit Russland und dessen ehemaligen Herrschaftsgebieten herauszuschlagen. Viel Geld konnte auf dem schwierigen russischen Markt verdient werden, allerdings konnte man auch viel wieder verlieren. Gerade weil sie so vertraut sind mit den Russen, warnten die Polen auch als Erste vor der Gefahr von Rohstoffen im Würgegriff Russlands. Immer wenn die Russen nun bei einem Kälteeinbruch den Gashahn zudrehen, kann der Rest Europas die Ängste und die Ressentiments der Polen besser nachvollziehen.

Die Polen halten ihre deutschen Nachbarn für Langweiler. Ein einzelner Deutscher bleibt am liebsten in seinem eigenen Garten und pflegt seine „Heimat", aber als Nation sind die Deutschen zum Dominieren geboren (egal ob durch Krieg oder Handel). Manche Polen haben immer noch Angst, dass Schlesien von Deutschland zurückgefordert werden könnte. Dennoch hoffen sie, dass ihre voneinander abhängigen Volkswirtschaften und die gemeinsame EU-Mitgliedschaft die militärischen Bestrebungen der Deutschen in Schach halten. Ein stetig größer werdendes Heer von polnischen Migranten lässt sich in Deutschland nieder und auch 25 Prozent der polnischen Exporte landen dort.

›› Die Polen haben das Pech, zwischen Deutschland und Russland zu liegen, aber sie versuchen diesen Umstand zu ihrem Vorteil zu nutzen.

Die Polen haben das Pech, zwischen Deutschland und Russland zu liegen, aber sie versuchen diesen Umstand zu ihrem Vorteil zu nutzen, indem sie mit beiden Geschäfte machen und als Vermittler zwischen den beiden agieren – und sie sind gute Seiltänzer!

Nationen zum Bewundern suchen die Polen weit über ihre Landesgrenzen hinaus. Auf der Suche nach einem Stilguru wenden sie sich am liebsten Italien zu, und zwar nicht zum ersten Mal in ihrer Geschichte. Bona Sforza, Ehefrau von Sigismund dem Alten, brachte zusammen mit Architekten, Künstlern und Handwerkern die Renaissance nach Polen. Sie revolutionierte die polnische Küche mit aus Italien mitgebrachtem Salat, Lauch, Kohl und Blumenkohl. Warschau wurde im 18. Jahrhundert von Bacciarelli und Canaletto gemalt, als es neben anderen durch den italienischen Architekten Domenico Merlini neugestaltet wurde. Nach dem Zweiten Weltkrieg verwendete man Canalettos Gemälde dann als Grundlage für die Rekonstruktion der Straßen und Fassaden, die von den Deutschen zerstört worden waren.

›› Die Polen, die alles dafür taten, weder zu Russen noch zu Deutschen zu werden, erfanden sich neu als französische Imitationen.

Die Polen – insbesondere die Adligen – waren jahrhundertelang im Bann des französischen Stils, von der Sprache bis zur Mode. Wenn man es sich leisten konnte, lebte man in Frankreich. Die Polen, die alles dafür taten, weder zu Russen noch zu Deutschen zu werden, erfanden sich neu als französische Imitationen. Napoleon wurde angebetet, obwohl er die Polen lediglich als Kanonenfutter betrachtete. Polnische Gesetze und viele zivile Einrichtungen basieren auf dem Code Napoléon. Aber der französische Fremdenhass und die häufige Verbrüderung mit Deutschland in EU-Gremien haben die einseitige Liebe versickern lassen. Die französisch-polnischen Beziehungen sind so eisig, dass Französisch kaum mehr an polnischen Schulen unterrichtet wird.

Heutzutage schlagen die polnischen Herzen und Gemüter für die Engländer. Es gibt englische Pubs und englische Produkte, englische Aushängeschilder über den Geschäftstüren, und Englisch wird an allen polnischen Schulen gelehrt. Fußballfans versuchen den englischen Fußballhooligans nachzueifern, zum Glück nur mit mäßigem Erfolg.

Großbritannien und Irland waren die ersten EU-Länder, die den Polen ihre Türen öffneten. Und die Polen reisten dort massenweise hin zum Arbeiten, Studieren und zum Vergnügen. Das Ergebnis: Die römisch-katholische Kirche ist die am schnellsten wachsende Glaubensgemeinschaft in Großbritannien. Europäische Demografen müssen immer wieder Überstunden machen, um die neuesten Zahlen zu ermitteln.

›› Die Polen bewundern die Amerikaner für ihre zielstrebige Jagd nach Geld, aber sie finden sie unkultiviert.

Die Polen bewundern die Amerikaner für ihre zielstrebige Jagd nach Geld, aber sie finden sie dennoch *nie kulturalni* (unkultiviert), was in den Augen der Polen ganz klar verachtenswert ist. Amerikanische Polenwitze kennt man in Polen kaum, aber polnische Amerikaner werden von den Polen ausgelacht und als Naivlinge belächelt, zu denen sie durch ein Leben in Amerika geworden sind.

Obwohl die Skandinavier gleich auf der gegenüberliegenden Seite des Ostseeraums leben, es regelmäßigen und regen Fährverkehr zwischen Polen und diesen Ländern gibt, haben sie dennoch kaum etwas mit den Polen gemein. Und das, obwohl die Polen scharenweise nach Schweden und Norwegen ziehen, um dort ihr Familieneinkommen bei der Obsternte und ähnlichem aufzubessern. Für billige Arbeitskräfte und Designer wenden sich schwedische Firmen überdies gern an Polen. Die Polen reden nicht gern über erstere und die Schweden nicht gern über letztere. Erst vor kurzem hat der Gründer von IKEA zugegeben, dass sein Glück (und seine Vorliebe für Wodka) daher rühre, dass er in den 1960er Jahren die IKEA-Baupakete aus Polen bezog. Nicht das dies ein Problem wäre. Es regiert eine gelassene Gleichgültigkeit auf beiden Seiten, wie sie eben manchmal unter Nachbarn vorkommt. Man teilt sich die Ostsee, aber vielmehr auch nicht. Öl und Wasser vermischen sich nun mal nicht.

» Während viele Polen ihren Lebensunterhalt im Ausland verdienen, wird der Mangel an Arbeitskräften in Polen durch Ukrainer und Litauer ausgeglichen.

Betrachtet man das Verhältnis Polens zu seinen kleineren Nachbarn, so wurde das polnisch-ukrainische Kriegsbeil aus politischer Zweckdienlichkeit begraben. Die Litauer hingegen toleriert man, beziehungsweise man hat sie sogar ganz gern, auch wenn das leider nicht immer auf Gegenseitigkeit beruht. Zu lange hatten die beiden die gleiche Regierung, wobei die Polen die Seniorpartner waren. Während viele Polen ihren Lebensunterhalt im Ausland verdienen, wird der Mangel an Arbeitskräften in Polen durch Ukrainer und Litauer ausgeglichen. In den Augen der Polen fehlt es den Tschechen an „Seele“, um als echte Slawen durchzugehen. Dass sie einen Dramatiker zum Präsidenten gewählt haben, war zwar cool, aber der Effekt hat sich langsam erschöpft. Die Slowaken, mit denen die Polen sich das Tatragebirge teilen, werden durchaus gemocht. Aber letztendlich sind es die Ungarn, die von den Polen wie Brüder behandelt werden, obgleich sie überhaupt keine Slawen sind. Obwohl man sich mit den Ungarn weder eine Grenze noch eine Sprache teilt, oder vielleicht auch gerade deshalb, sieht man in den Ungarn Seelenverwandte, mit denen man sich Sehnsüchte, Temperament und die Liebe zu Hochprozentigem teilt.

Wie andere sie sehen

Die Polen wurden schon immer als verrückte Romantiker betrachtet. Damit meinte man wohl eigentlich „manipulierbare Hitzköpfe", was nur zu oft stimmte. Winston Churchill sagte: „Es gibt wenige Tugenden, die die Polen nicht besitzen und wenige Fehler, die sie vermieden haben." Der britische Exzentriker Quentin Crisp ging sogar noch weiter und beschrieb die Polen so: „Keine Nation, sondern ein gestörter Geisteszustand."

» Als Helden angebetet zu werden, fällt den Polen nicht gerade leicht, denn Helden beschweren sich nicht.

Ein Großteil des Westens sieht in Polen einen Pool von Wanderarbeitern, eine Nation von Geld überweisenden Männern. Die Ungarn bewundern die Polen dafür, ihr wirtschaftliches und politisches Wunder aufrechterhalten zu haben, während ihr eigenes im Stillstand verharrt. Als Helden angebetet zu werden, fällt den Polen nicht gerade leicht, denn Helden beschweren sich nicht. Man kann aber kein guter Pole sein, wenn man nicht auch mal ordentlich jammert.

Vor dem Zweiten Weltkrieg galten die Polen als Mitteleuropäer. Nach dem Krieg, als die Grenzen sich weit nach Westen verlagert hatten, zählte man Polen zu den Osteuropäern. Mit dem Fall der Berliner Mauer und der wiedergewonnenen Unabhängigkeit der baltischen Staaten ist Polen – ohne sich auch nur einen Zentimeter bewegt zu haben – wieder zu einem zentraleuropäischen Land geworden. Wen wundert es da noch, dass viele Leute außerhalb Europas keine Ahnung haben, wo Polen genau liegt. Manche verwechseln es mit Holland, weil es im Englischen so ähnlich klingt. Viele glauben, es läge unter einer ewigen Schneedecke begraben, weil sie es wohl mit dem Nordpol assoziieren.

Charakter

Der defensive Pole

Geopolitik ist der wichtigste Architekt des Charakters der Polen. Berühmt für ihren Kampfgeist, sind die Polen eigentlich eher begeisterte Selbstverteidiger. Ihnen wäre es allerdings lieber, wenn sie das nicht sein müssten. Selbst während der kurzen Expansionsphase im 15. Jahrhundert, als sie sich mit den Litauern gegen die Deutschordensritter vereinten, gewann Polen neue Gebiete eher durch Verträge als durch Schlachten.

» Geopolitik ist der wichtigste Architekt des Charakters der Polen.

Polnische Fremdenfeindlichkeit ist ein Selbstschutzmechanismus. Die leicht obsessive Pflege ihrer Sprache, Kultur und

Traditionen ist von größter Bedeutung für das Überleben der Polen. Es handelt sich um bewegliche Güter, die auch im Untergrund weitergegeben werden können.

Die polnischen Grenzen haben sich so häufig verändert, dass Geografielehrer angeblich einen Sonderbonus gezahlt bekommen für die zusätzliche Vorbereitungszeit, die sie darauf verwenden müssen, zu klären, wie viele Länder zu einem bestimmten Zeitpunkt an Polen grenzten und welche Flüsse zum Land gehörten oder nicht. Das erklärt wohl auch, warum mehr Polen außerhalb ihrer Landesgrenzen wohnen als darin. Bei Grenzverlagerungen bleiben viele zurück. So auch die ältere Dame, die auf die Nachricht, dass ihr Haus nun in Russland liege und nicht länger in Polen, äußerte: „Gott sei Dank, noch einen von diesen kalten, polnischen Wintern hätte ich nicht ertragen."

» Traditionen sind von größter Bedeutung für das Überleben der Polen.

Manche waren nur unfreiwillige Touristen bei Reisen von der Art „Sibirien per Viehtransporter". Manche blieben durch Aufstände oder Krieg in der Fremde zurück. Die Polen in Frankreich zum Beispiel sind Relikte der Aufstände im 19. Jahrhundert. Durch die Polen, die nach dem Zweiten Weltkrieg in Großbritannien strandeten, entstanden dort polnische Gemeinden wie Ealing oder Bradford.

Jetzt, da die Sowjetunion der Vergangenheit angehört, kommen polnische Gemeinschaften von all ihren früheren Territorien zurück – aus dem fernen Kasachstan oder aus ehemaligen polnischen Städten wie Lviv in der Ukraine und

Vilnius in Litauen. Polen war schon immer ein Exportland für Arbeitskräfte. Viele von ihnen brachen zusammen mit anderen hungrigen Europäern in Richtung Freiheitsstatue auf. Die größte städtische Ansammlung von Polen – nach Warschau – findet sich heute in Chicago. Es gibt große polnische Gemeinschaften in Deutschland, Brasilien, Peru, eigentlich überall – und eigentlich kann man nicht weit auf dieser Welt reisen, ohne auf einen Polen zu stoßen. Die heutigen Polen sind ständig auf Reisen, für Familienbesuche, Pilgertouren (ermuntert von der Kirche) oder Pauschalreisen. Bis zu drei Generationen von im Exil lebenden Polen aus aller Welt strömen zum Geschäftemachen und zum Vergnügen nach Polen. Dann freuen sie sich, dass sich all die Samstagvormittage, die sie mit Polnischlernen zugebracht haben, endlich mal bezahlt machen.

» Eigentlich kann man nicht weit auf dieser Welt reisen, ohne auf einen Polen zu stoßen.

Regionale Unterschiede in Polen werden oft noch immer geprägt von den nationalen Eigenheiten, die bei den Bewohnern dieser Regionen im 18. und 19. Jahrhundert vorherrschten. Daher ist das einst von Preußen regierte Posen die Heimat gesetzestreuer, fleißiger, fanatisch sauberer und unbeschreiblich pedantischer Leute, die auch noch überall pünktlich erscheinen. Krakau und Umgebung sind voller kleinkarierter Bürokraten, ganz wie ihre früheren österreichischen Meister es waren. Und in Warschau und Umgebung findet man schludrige Nichtstuer, im Grunde ganz nach russischer Art.

Die regionale Minderheit der Goralen, die Bewohner der Bergregionen, wird von allen Polen geliebt, ist aber auch Zielscheibe liebevollen Spotts über Stroh kauende Bauerntölpel. Man erzählt zum Beispiel von einem Goralen, der einen Stadtbewohner bei seinen morgendlichen Liegestützen vor seinem Zelt in den Bergen beobachtet und dann sagt, dass er bislang nicht gewusst habe, dass der Wind in den Bergen so stark sei, dass es die Frau unter ihrem Partner davonpuste.

Der flexible Pole

Es ist nicht weiter verwunderlich, dass die wichtigsten nationalen Charaktereigenschaften der Polen ihre Anpassungsfähigkeit, ihr Faible für Improvisation und ihre Fähigkeit, das Beste aus dem Vorhandenen zu machen, sind. Ein guter polnischer Koch ist einer, der eine Feinschmeckersuppe aus einem rostigen Nagel machen kann. Ältere polnische Kochbücher bieten Rezepte à la „man nehme ein Dutzend Eier" und solche, die Tipps geben, wie man bestimmte Zutaten ersetzen kann. Zum Beispiel erfährt man da, wie man Mandelkuchen macht, wenn man keine Mandeln hat („man nehme gemahlene Bohnen und Mandelaroma").

» Ein guter polnischer Koch ist einer, der eine Feinschmeckersuppe aus einem rostigen Nagel machen kann.

Auch wenn die wirtschaftliche Notwendigkeit für diese Eigenschaft, im Polnischen kollektiv als „kombinowanie" bekannt, nicht länger existiert und zusammen mit dem Schlangestehen und den Versorgungsengpässen, aus denen sie hervorging, in die Geschichtsbücher verbannt wurde, sind sie dennoch ein wesentlicher Bestandteil des polnischen Charakters. Ein wilder Mix aus Gehirnakrobatik, technischen Fähigkeiten, Ach-passt-schon-Draufgängertum und einem Quentchen Verschlagenheit hat die Polen in die Lage versetzt, clevere Konstruktionen auszutüfteln, wenn es nichts Passendes auf dem Markt gab. Es hat sie gelehrt, wie unmögliche Regeln und Gesetze umgangen werden konnten, die die kommunistische Regierung zur Irritation der Bevölkerung erfunden hatte. Man könnte annehmen, dass diese Taktiken nach und nach verschwinden, wenn man sie nicht länger perfektionieren muss. Aber weit gefehlt. Die Polen wenden all diese Kniffe heute bei der EU an.

» Entweder positiv oder negativ – so ist das bei Polen.

Himmelweite Unterschiede

Entweder positiv oder negativ – so ist das bei Polen. Sie arbeiten oder sie vergnügen sich. Die Verbindung von Arbeit und Vergnügen, die in vielen westeuropäischen Büros als Fleiß durchgeht, ist nicht ihre Stärke.

Zurzeit sind die Polen gespalten in diejenigen, die den Westen lieben mit allem, was dieser Lebensstil mit sich bringt, und andererseits diejenigen, die die Reinheit des Polentums (was auch immer das sein mag) bis zum Letzten verteidigen würden. Die einen wollen, dass die Kirche auch in der Regierung das Sagen hat, die anderen wollen genau das nicht. Der Kern des polnischen Dilemmas ist jedoch, dass zwei gegensätzliche Ansichten gleichzeitig in ein und derselben polnischen Brust wohnen können. Entweder strotzen sie vor Leben oder sie sind komatös, entweder lieben oder hassen sie. Es ist diese totale Hingabe zu einem Leben im Hier und Jetzt, das ihnen den Ruf einbringt, lebhaft und launisch zu sein. Wie der polnische Dichter Marian Hemar in seinem Lied schrieb: „Wenn die Polen nur systematisch täten, was sie spontan tun, wären sie perfekt."

Der öffentliche Pole

Polen haben viel Gemeinschaftssinn. Sie halten es für ihre moralische Pflicht, alles laut und deutlich zu kommentieren, was sie für richtig oder falsch halten. Wenn man sich in einer öffentlichen Einrichtung mit der Bürokratie herumschlägt (was zu erwarten ist, denn die polnische Bürokratie ist geradezu dazu geschaffen, sich mit ihr herumzuschlagen), pflichtet einem ein ganzer Chor von Leuten in der Schlange bei. Wenn man am Verkaufstresen eines Geschäfts herumtrödelt, muss man sich gefasst machen auf Kommentare von den Menschen, die hinter einem stehen – über die eigene Unfähigkeit, fehlenden Menschverstand, Moral, Geschmack und so weiter. Beamte im öffentlichen Dienst und Verkaufspersonal werden sich je nach Gemütslage mal auf die eine oder die andere Seite schlagen.

›› Polen haben viel Gemeinschaftssinn. Sie halten es für ihre moralische Pflicht, alles laut und deutlich zu kommentieren, was sie für richtig oder falsch halten.

Jede kleine Katastrophe, die einem in der Öffentlichkeit widerfahren kann, wird durch die Umstehenden als Straßenunterhaltung gewertet, zu der sie sich sofort zusammenfinden. Exhibitionisten, das ist euer Land! Entsprechend gibt es gute Gründe für die blickdichten Gardinen, die die Fenster zieren. Es ist ein Versuch, den Anschein von Privatsphäre zu wahren, wenn auch ein nutzloser Versuch. Es gibt keinen Schutz gegen das Eindringen in die Privatsphäre. Während der langen Winternächte braucht man in Polen irgendeine Abwechslung, also sollte man nachgeben und einfach mit in die Gerüchteküche einstimmen. Es ist auch die einzige Chance, um einige der wüsteren Annahmen über sein unbescholtenes Leben zu korrigieren. Es bedeutet ebenfalls, dass man immer eine Schulter zum Ausweinen hat, ohne weitere Erklärungen abgeben zu müssen. Die Leute wissen eh schon alles, noch bevor man selbst weiß, warum man eigentlich weint.

Stil

Alle – zumindest fast alle – Polen haben einen ausgeprägten Sinn für Stil. Auch wenn die Ressourcen knapp oder nicht existent sind, schaffen die Polen es, modisch auszusehen. Am deutlichsten sichtbar war das in den 1960er Jahren, als es in den Warschauer Läden nur Arbeitskleidung gab, und trotzdem schienen die Straßen ein Laufsteg zu sein, der es mit der Carnaby Street oder Montmartre aufnehmen konnte. Nur die richtigen Markenschildchen waren nicht dabei, weil die Outfits an den Tretnähmaschinen daheim entstanden waren.

›› Auch wenn die Ressourcen knapp oder nicht existent sind, schaffen die Polen es, modisch auszusehen.

Während des Zweiten Weltkriegs wurden aus dem besetzten Polen geflüchtete polnische Offiziere in der britischen Armee in Palästina eingesetzt. Binnen weniger Tage verwandelten sie die Standardversion der weiten, tropischen Shorts der britischen Armee zu flotten, den Hintern knapp umschmiegenden Teilen.

Die Liebe zum Stil durchdringt alle Aspekte des Lebens: Ein Tisch mag wackelig sein, aber er wird dennoch mit einem schneeweißen Tischtuch gedeckt und mit einer Vase voller Blumen dekoriert. Die allerersten Zeitschriften, die im kapitalistischen Polen an den Start gingen, waren Style-Magazine aus den Bereichen Mode, Garten oder Haus. Sie wurden damals gleich zum Renner und erfreuen sich bis heute großer Beliebtheit. Polnische Namen von Ewa Lewis bis hin zu Tomasz Starzewski kann man heute überall in der internationalen Modeindustrie entdecken.

Das Paradebeispiel für polnisches Stilgefühl ist die stilvolle Geste. Wer sonst würde eine Revolution mit einem Logo beginnen? *Solidarność* (Solidarität) ist ein dermaßen erfolgreiches Logo, dass es weltweit ebenso wie Coca-Cola und Kellogg's auf den ersten Blick erkannt wird. Es hat einen so überzeugenden Stil, dass es sogar die größte Gewerkschaftshasserin überhaupt, Margaret Thatcher, dazu brachte, eine Gewerkschaft zu unterstützen. Und es musste kein Cent ausgegeben werden, um das Logo bekannt zu machen.

Immer dann, wenn man sich im Umgang mit einem Polen über ein wiederholt gebrochenes Versprechen, eine verpasste Deadline, eine Verspätung oder blanke Gedankenlosigkeit so richtig ärgert, wird man durch eine entwaffnende, elegante Entschuldigung besänftigt: Ein unerwartetes, passendes Geschenk, überreicht mit gewinnendem Charme. Wie könnte man ihnen da nicht vergeben?

Glauben & Werte

Reichtum

» Das polnische Wirtschaftswunder hat die Welt in Erstaunen versetzt, aber am meisten hat es die Polen selbst überrascht.

Früher verlangten die Polen nicht nach Reichtum und Status, weil beides in kommunistischen Zeiten entweder unerreichbar oder verboten war, schon gar nicht ohne seine persönlichen Werte zu kompromittieren. Aber selbst vor dieser Zeit mied jeder anständige Pole das „Handeltreiben". Das polnische Wirtschaftswunder hat die Welt denn auch in Erstaunen versetzt, aber am meisten hat es die Polen selbst überrascht. Auch wenn man fast überall auf der Welt anerkennt, dass die polnischen Banker verantwortungsvoll gehandelt haben und das Ersparte ihrer Kunden und ihres Landes nicht verzockt haben, trauen die Polen dem Braten nicht so recht und bewerten jedes Anzeichen für eine Wirtschaftsflaute im Land (unvermeidbar in Zeiten einer Rezession) als Beweis dafür, dass es doch schief gegangen sein muss.

Aber vielleicht ist der polnische Realismus in Fragen der Wirtschaft auch gar nicht so überraschend. Die Polen mussten sich schon immer mit dem ein oder anderen Kuhhandel behelfen. Insbesondere in den letzten Jahren des Kommunismus reduzierte sich der wirtschaftliche Austausch im In- und Ausland auf Tauschgeschäfte und Erfindungen. Das war ein gutes Training. Wie die letzten Jahre zeigen, war es keine nationale Charaktereigenschaft, schlecht im Geschäftemachen zu sein, sondern vielmehr ein nationaler Minderwertigkeitskomplex.

Polnische Geschäftsleute mussten sich schon immer bemühen, einen bleibenden Eindruck zu hinterlassen, trotz oder vielleicht gerade wegen ihrer unaussprechlichen Namen. Das könnte auch erklären, warum polnische Visitenkarten kleine Kunstwerke sind, die hinter dem Namen jeden akademischen Titel oder sonstige Qualifikationen auflisten, aber auch die Mitgliedschaft in bestimmten Institutionen, den Familienstand, ihre Schuhgröße, Hutgröße und so weiter. Jeder gibt jedem eine Visitenkarte aus seinem schier endlosen Vorrat. Ein Delegierter, der am letzten Tag einer Konferenz noch immer Visitenkarten verteilt, während die anderen schon keine mehr haben, ist gewiss ein Pole.

›› Die Polen mussten sich schon immer mit dem ein oder anderen Kuhhandel behelfen.

Status

Historisch gesehen gehörten Polen entweder dem – meistens verarmten – Landadel an oder aber zu den Bauern (dazwischen gab es offiziell nichts). In den meisten Fällen lag der Unterschied zwischen den beiden nur in einem adeligen Familienwappen.

In Polen hat man seinen Bürgern nie Ehrentitel verliehen, während man in anderen Ländern jeden Grafen, Prinzen oder Markgrafen als solchen würdigte. Stattdessen bedient man sich in Polen nur zu gerne eines akademischen oder berufsständischen Titels mit einem Pan (Herr) oder Pani (Frau) davor. Wenn man durchblicken lässt, dass man der Ärztezunft angehört, wird man als Pan Doktór (Herr Doktor) angeredet, beziehungsweise als Pan Profesor (Herr Professor), wenn man Akademiker ist. Nicht unüblich ist auch Pan Profesor Doktór und noch absurdere Konstruktionen. Es kann sogar vorkommen, dass man als Pan Inżynier (Herr Ingenieur) angeredet wird, wenn man zufällig zu erkennen gibt, dass man einen B.Sc. (Bachelor of Science) in der Tasche hat. (Der Titel Inżynier – Ingenieur – zeigt an, dass man einen Universitätsabschluss hat, und nicht, dass man gekommen ist, um den Boiler zu reparieren.)

›› In Polen liebt man die Schlauberger, und Spezialisten aller Art werden vergöttert.

Wegen der Angewohnheit der meisten Invasoren, bevorzugt Intellektuelle an die Wand zu stellen und zu erschießen, ist es erstaunlich, dass es überhaupt noch Menschen gibt, die Intellektuelle sein wollen. Aber die Polen wollen es, in Scharen! Also, wer etwas weiß, sollte das auch zur Schau stellen. In Polen liebt man die Schlauberger, und Spezialisten aller Art werden vergöttert.

Der beste Weg um die Tücken der formellen versus der informellen Anrede zu umschiffen (das Du/Sie-Problem), ist Brüderschaft zu trinken – ein Prozedere, an dem man sich erst versuchen sollte, wenn man mindestens eine halbe Flasche mit dem zu verbrüdernden Gegenüber getrunken hat. Man setzt sich einander gegenüber, wie zum Armdrücken, mit einem Glas in der rechten Hand, überkreuzt die Arme und versucht den Inhalt des Glases in den eigenen Mund zu befördern, statt ihn sich über die Brust zu kippen. Der Grad der Leidenschaft beim nachfolgenden Kuss hängt von mindestens einem der Teilnehmer ab.

Gastfreundschaft

Der alte polnische Grundsatz *Gość w dom – Bóg w dom* (Gast im Haus, Gott im Haus) gilt noch immer, und die meisten Polen halten Gastfreundschaft für ihre heilige Pflicht. Zieht man die Größe der unbewohnten Landflächen und das Wetter in Betracht, hat diese Einstellung sicherlich etwas Gutes. Dennoch zeugen die neueren, zynischen Versionen wie „Gast im Haus, Frau schwanger" oder „Gast im Haus, Gott weiß wofür" davon, dass es wohl nicht mehr so ernst genommen wird.

›› Die meisten Polen halten Gastfreundschaft für ihre heilige Pflicht.

Ein weiterer, in Ehren gehaltener Grundsatz ist *Zastaw się, a postaw się* (Verpfände dein Haus, aber der Tisch muss voll sein), der schon mal zu Verunsicherung bei Gästen führen kann. Selbst in Zeiten der Knappheit oder Entbehrung deckten Polen ihre Tische mit reichen Gaben, sodass Gäste den

Berichten über die schlechte wirtschaftliche Lage kaum Glauben schenken konnten. Die polnische Gastfreundschaft bringt die Gäste mit ihrem reichlichen Angebot in Verlegenheit und lässt die Gastgeber eine Woche danach noch immer Reste essen. Wenn die Polen eine Mahlzeit ausrichten, gibt es jedenfalls immer genug für ein ganzes Bataillon.

Flirten und Heiraten

Polnische Männer und Jungs (auch die kleinen) küssen nach wie vor die Hand von Frauen. Das kann, muss aber kein Flirten sein. Sie halten einem auch die Tür auf, zünden die Zigarette an, tragen einem die Taschen und verhalten sich generell so, wie der sprichwörtliche englische Gentleman es tat, bis die Feministinnen ihn umerzogen haben. Es liegt natürlich an den polnischen Damen, die zusehen, dass ihre Männer Gentlemen bleiben, und wenn sie sie dazu am Schopfe packen müssen. Moderne polnische Männer müssen den Abwasch machen und Kinderwagen schieben.

» Polnische Männer küssen nach wie vor die Hand von Frauen.

Die Männer flirten, was das Zeug hält, allerdings nicht auf die blumige, poetische, aber leider wenig überzeugende Art der Südländer. Die Augen einer Frau werden nicht mit Diamanten verglichen, sondern man macht Bemerkungen über ihren neuen Haarschnitt oder Gewichtsverlust oder bewundert ihr neues Outfit. Sie wird ihm glauben und sich wunderbar fühlen – aber aufgepasst! Morgens respektiert er sie vielleicht noch, aber dann trottet er doch wieder zurück zu seiner Frau oder zu seiner Mutter.

Die Frauen verstehen sich ebenfalls aufs Flirten. Beide Geschlechter, gleich welchen Alters, halten es für eine Kunstform.

Die meisten Polen heiraten einen Polen oder eine Polin, und die meisten leben monogam. In Cafés und Restaurants setzen sich die Paare jedoch aus unerfindlichen Gründen nebeneinander, statt einander gegenüber wie z. B. in Großbritannien oder Deutschland. Die meisten Polen können tanzen – Tango, Foxtrott und Walzer – und Paare tun dies Wange an Wange, mit den richtigen Schritten, nicht nur mit vage schaukelnden Schlurfbewegungen und das sogar in Diskotheken, was wohl der Grund sein könnte, dass so viele professionelle Tänzer aus Polen bei der britischen TV-Show „Strictly Come Dancing" und dessen internationalen Pendants wie „Let's Dance" in Deutschland dabei sind.

» Wird man als „kleiner Fisch" oder „kleiner Frosch" angeredet, muss man sich keine Sorgen machen.

Wird man als „kleiner Fisch" oder „kleiner Frosch" angeredet, muss man sich keine Sorgen machen. Es sind etablierte Kosenamen, mit denen zum Ausdruck gebracht wird, dass Ihr Partner Sie über alles liebt, aber Ihren Namen nicht aussprechen kann, oder aber Ihren Namen vorübergehend vergessen hat.

Wenn er oder sie Sie mit nach Hause nimmt, um seine oder ihre Mutter kennenzulernen, sollten Sie sich die Familie ganz genau ansehen. Denn wenn man vorhat, sich in Polen niederzulassen, sollte man sich über Folgendes im Klaren sein: Der jüngste Bauboom hat zwar die Wohnungsknappheit gelindert, aber dafür ist der Preisanstieg bei Immobilien mittlerweile astronomisch. Also werden Sie vielleicht eine ganze Weile bei den Schwiegereltern leben müssen, und vielleicht auch Ihre Kinder und deren Ehepartner. Bis dahin haben die älteren Brüder und Schwestern mit ihren Familien vielleicht eine eigene Wohnung gefunden, und einer von ihnen hat vielleicht die Großmutter mitgenommen, aber verlassen sollte man sich nicht darauf. Die Scheidungsrate ist eine der niedrigsten in ganz Europa, was aber auch daran liegen mag, dass viele getrennte Paare aus Wohnraummangel ohnehin weiterhin zusammenleben müssen.

›› Die Scheidungsrate ist eine der niedrigsten in ganz Europa, was aber auch daran liegen mag, dass viele getrennte Paare aus Wohnraummangel ohnehin weiterhin zusammenleben müssen.

Verhalten

Die Familie

Für Polen ist „Familie“ ein dehnbarer Begriff. Cousins und Cousinen werden oft als Brüder und Schwestern bezeichnet, und ein Cousin oder eine Cousine zu sein, kann ein breites Spektrum an Verwandtschaftsverhältnissen umfassen. Dieses Verständnis von Verwandtschaft bringt nicht nur mehr Menschen an einen Tisch, sondern unter Umständen auch mehr Verpflichtungen mit sich und zwar für beide Seiten: ein Geben und Nehmen. Mit wachsamem Auge wird das Wohlergehen der anderen Familienmitglieder verfolgt, falls man sie auch mal für etwas brauchen sollte.

›› Wenn man bei einem Zusammentreffen ein „Du siehst gut aus“ zu hören bekommt, sollte man sein Gewicht noch mal auf der Badezimmerwaage kontrollieren.

Wenn man bei einem Zusammentreffen ein „Du siehst gut aus“ zu hören bekommt, sollte man sein Gewicht noch mal auf der Badezimmerwaage kontrollieren, insbesondere, wenn eine Person des gleichen Geschlechts diesen Satz von sich gegeben hat. Es handelt sich um einen Code für „Du hast zugenommen“. Das Gegenstück „Du siehst gar nicht gut aus“ in der Bedeutung von „Du hast abgenommen“ bekommt man nur von Menschen zu hören, die einen größeren Leibesumfang haben als man selbst, weil sie schlicht eifersüchtig sind, oder von der eigenen Mutter.

Polnische Mütter denken über alle Menschen so, wie die Einwohner von Straßburg über Gänse denken – sie sind zum

Mästen da. Wenn eine polnische Mutter sagt, sie habe ein Problemkind, meint sie damit nicht, dass der kleine Tomek seine Schule abgebrannt hat und deswegen von der Polizei in fünf Landkreisen gesucht wird. Nein, es bedeutet, dass er sein Abendessen nicht isst.

Die Senioren

Die neue Zeit und die galoppierende Inflation haben es mit den polnischen Rentnern nicht gut gemeint. Aber eine Serie von kirchlich unterstützten, rechten Minderheits- und Koalitionsregierungen haben die Großmütter (auch „Mohair-Mützen" genannt) wiederentdeckt und ihnen zur Macht verholfen. Die Renten haben sich gebessert, und zwar im Gegensatz zum Arbeitslosengeld, welches nur sechs Monate lang gezahlt wird. Jetzt ist es also die Großmutter, die die Familie subventioniert und in Härtefällen auch die weitere Familie unterhält. Selbst in betuchten Familien wird die jüngste Generation in der Regel von den Großeltern aufgezogen.

›› Wenn Sie selbst eine mürrische, ältere Person sind, dann ist Polen der perfekte Ort für Sie.

Respekt für Ältere gilt wie eh und je. Wenn Sie selbst eine mürrische, ältere Person sind, dann ist Polen der perfekte Ort für Sie. Sie können lauthals jede jüngere Person kritisieren, die töricht genug war, sich in Ihrer Nähe aufzuhalten, egal ob verwandt oder nicht. Sie haben überall Vorrang, es ist Ihr gutes Recht. Sie können einen unmöglich aussehenden Punk mit Ihrem Finger oder Regenschirm anstupsen und er wird Ihnen ohne Kommentar seinen Sitzplatz überlassen. Schwangere und Frauen mit einer ganzen Kinderschar stehen ebenfalls auf. Wenn man zu verlegen ist zum Anstupsen, muss man nur ausreichend alt und hilflos dreinschauen und Mitreisende werden das Stupsen für Sie übernehmen, während alle Senioren in der Nähe im Chor dazu auffordern.

Kinder

Nicht von den Müttern, sondern von Schwiegermüttern erwartet man, dass sie die Kinder aufziehen (insbesondere die Kinder, deren Eltern im Ausland arbeiten). Sie führen auch oftmals den Haushalt für ihre arbeitenden Kinder. Die Polen lieben Kinder, insbesondere Babies, nehmen sie überall mit hin und verwöhnen sie so sehr, dass man sich wundert, dass die meisten von ihnen dennoch so wohlerzogen sind. Nur wenige Kinder werden auf ein Internat geschickt, aber die meisten fahren mit den Pfadfindern oder einer anderen Jugendorganisation in ein Ferienlager. Oder aber sie fahren zu Verwandten auf dem Lande, damit sie die Chance bekommen, in den Sommerferien einmal richtig aufzudrehen.

›› Nicht von den Müttern, sondern von Schwiegermüttern erwartet man, dass sie die Kinder aufziehen.

Parties sind Familiensache – und jeder ist dabei, von Großtante Josephine bis hin zum kleinsten Baby. Auch kinderlosen Erwachsenen werden die Kinder so oft anvertraut, dass sie wissen, wie man mit ihnen umgeht. Die Kinder lernen wie weit man bei den Erwachsenen gehen kann, und was sie einem noch durchgehen lassen.

Tiere

Wenn man an die unglaublich beengten Wohnverhältnisse denkt, die in den Hochhäusern noch immer vorherrschen, ist es schwer nachzuvollziehen, warum Polen in den Städten Schäferhunde und Dobermänner statt eines Chihuahuas als Haustier wählen, oder warum sie überhaupt Haustiere halten. Die Regel scheint zu sein: Je kleiner die Wohnung, desto größer der Hund, mit der Ausnahme von Krakau, wo die Einwohner gerne Miniaturhunde halten, aber das wird ihrem legendären Geiz zugeschrieben.

In ländlichen Gebieten hingegen arbeiten die Tiere für ihren Lebensunterhalt, sie halten (je nach Tierart) die Nagetierzahlen niedrig oder halten Eindringlinge auf Abstand, denn wenn sie dies nicht tun, verlieren sie ihren Job und ihr Zuhause. Andere Tiere sind in Polen sicherer aufgehoben als anderswo. Im Białowieża-Nationalpark an der Ostgrenze finden sich Urwaldzonen und wilde Tiere (darunter Bisons und Wildschweine). Fast ein Viertel der weltweiten Storchpopulation nistet auf polnischen Bäumen, Dächern und Telefonmasten. Jeder vierte Storch ist also Pole.

›› Fast ein Viertel der weltweiten Storchpopulation nistet auf polnischen Bäumen, Dächern und Telefonmasten. Jeder vierte Storch ist also Pole.

Manieren

Stilvolles Benehmen ist selbstverständlich. Den Sitzplatz anbieten, die Tür aufhalten – das alles wird mit großer Geste vollführt. Allerdings machen die Polen hier aus der Not eine

Tugend. Denn wehe dem Polen, der hinter dem Verhaltenskodex zurückbleibt, der von der weltweit lautstärksten Hüterin der öffentlichen Moral verlangt wird, der polnischen Großmutter!

Polnische Großmütter haben eine schwere Last auf sich geladen: Sie müssen dafür sorgen, dass ihre Enkel, ihre Nachbarskinder und eigentlich alle Kinder der gesamten Nation – gleich welchen Alters – aufrecht sitzen und das Salz ohne Murren herüberreichen. Und das, während sie sie gleichzeitig total verwöhnen.

Wenn die Kinder planen, sich über die moralischen Standards hinwegzusetzen, gehen sie der Großmutter aus dem Weg. Glücklicherweise waren die Großmütter auch mal jung. Während der Pastor einer Auflistung von Männernamen lauscht, die von einer zitternden Stimme aus dem Beichtstuhl dringt, verspürt er schließlich den Drang nachzufragen: „Wie alt bist du denn, Großmütterchen?" „Dreiundachtzig." „Und du machst das immer noch?" „Nein, es ist nur so schön, sich daran zu erinnern."

›› Die meisten Wohnungen haben Parkettboden, damit die Menschen darauf weiter für die strengen, eisigen, rutschigen Winter trainieren können.

Im Winter sollte man seine mit Schnee bedeckten Schuhe ausziehen, bevor man das Haus betritt. Neben der Haustür steht üblicherweise eine Reihe von Hausschuhen, aber da nur selten die Schuhgröße des Gastes darunter ist, denken Polen immer daran, saubere Socken ohne Löcher anzuziehen, wenn sie jemanden besuchen gehen wollen. Die meisten Wohnungen haben Parkettboden, damit die Menschen darauf weiter für die strengen, eisigen, rutschigen Winter trainieren können. Museen und Galerien verfeinern dies noch, indem sie darauf beharren, dass man beim Museumsbesuch zum Schutz (und zum gleichzeitigen Polieren) des Parkettbodens Filzüberschuhe über seine Schuhe streifen muss. Ein schlauer zukünftiger Polenbesucher geht erst einmal ein paar Stunden Schlittschuhlaufen, bevor er zur Reise nach Polen aufbricht.

Grußformen

Polen sind große Freunde der Körpersprache. Sie küssen und umarmen sich, wann immer sich eine Gelegenheit bietet. Der Standardgruß unter Personen beider Geschlechter, die sich mehr als nur beiläufig kennen, ist eine dicke Umarmung, gefolgt von einem Berühren der Wangen und drei Luftküssen pro begrüßter Person.

›› Polen sind große Freunde der Körpersprache.

Bei entfernten Bekannten reicht ein Handschlag aus, aber dieser ist dann obligatorisch. Jeder gibt jedem die Hand. Somit wird ein Spaziergang über jede größere Straße durch die auszutauschenden Grüße immer wieder unterbrochen. Auf dem Sofa abhängende Jugendliche praktizieren einen merkwürdigen, seitlichen Ich-bin-total-relaxt-verstehst-du-Handschlag mit ausgestrecktem Arm. Bei ernsthaft dreinblickenden kleinen Jungen sieht der Gruß aus wie ein Initiationsritus bei der Black-Hand-Gang.

Man sollte immer daran denken, bei einem Meeting Zeit zum Händeschütteln einzukalkulieren. Treffen zehn Neulinge auf eine Gruppe von zehn Alteingesessenen gibt es eine Menge Hände zu schütteln, und bevor man sich versieht, muss man wieder gehen.

Man sollte jedoch niemals die Hand eines Polen schütteln, während man über die Türschwelle geht. Man sagt, das bringe Unglück über beide Personen und auch über das Haus. Uneingeweihte, nicht-polnische Gäste werden mit dem Ruf „Nicht in der Türschwelle" kurzerhand am ausgestreckten Arm ins Haus gezerrt. Ihnen werden Jacken und Schuhe ausgezogen, sie werden mit einer dicken Umarmung und drei Küssen begrüßt und sitzen schon in Socken oder mit Pantoffeln an den Füßen am Esstisch noch bevor sie sagen können: „Ich bin zum Wasserstand ablesen da." Was der Grund für den Aberglauben ist, weiß schon lange niemand mehr, aber vermutlich hat es einfach nur etwas mit dem kalten Wind zu tun, der hin und wieder durch Polen pfeift, und mit den horrenden Kosten für die Zentralheizung.

›› Man sollte niemals die Hand eines Polen schütteln, während man über die Türschwelle geht. Man sagt, das bringe Unglück.

Freizeit & Vergnügen

Daheim bleiben

Einst hatte Polen das am stärksten politisch unterdrückte und schrecklichste Fernsehprogramm der Welt. Das hat sich weiterentwickelt zum liberalsten und schrecklichsten Fernsehprogramm der Welt. Die Zuschauer können zwischen vier öffentlich-rechtlichen, einem religiösen, vielen Lokalsendern und zahllosen kommerziellen Kanälen hin- und herzappen, wobei der religiöse Sender den besten Empfang hat, da sein Signal durch Antennen an den Kirchentürmen verstärkt wird. „Kommerziell" heißt, dass man ein Abonnement braucht, und die Polen abonnieren. Satellitenschüsseln sprießen auf allen Dächern empor.

›› Polnische Nachrichten werden in halsbrecherischem Tempo vorgelesen, so als würden die Nachrichtensprecher pro Wort bezahlt.

Wenn ausländische Programme und Filme gezeigt werden, werden sie weder synchronisiert noch untertitelt, sondern von einer erregten, halbflüsternden Stimme simultan übersetzt. Außerdem wird die originale Tonspur nicht weggeschaltet, sondern lediglich leiser gestellt. Man hört also eine Konversation im Hintergrund, der die Zuschauer vergeblich zu folgen versuchen.

Polnische Nachrichten werden in halsbrecherischem Tempo vorgelesen, so als würden die Nachrichtensprecher pro Wort bezahlt. Der Ton ist eher familiär als amtlich, fast als würde man erstaunlich gut informierten Nachbarn beim Tratsch zuhören. Ein Soziologe nennt die Nachrichten denn auch „Seifenoper für Männer". Dargeboten wird eine umfassende Berichterstattung aus dem ganzen Land und aus aller Welt. Die Nachrichten sind recht beliebt und verbuchen in der Regel spitzenmäßige Zuschauerquoten. Die öffentlich-rechtlichen Sender sind für die glaubwürdige Berichterstattung zuständig. Die Logik der Reihenfolge der einzelnen Beiträge, die jeweils darauf verwendete Zeitspanne und natürlich die Entscheidung darüber, dass sie überhaupt ins Programm genommen wurden, lässt sich einfach nicht nachvollziehen. Die Sendungen scheinen auf gut Glück zusammengestellt zu werden, statt auf Planung zu beruhen.

» Das polnische Wetter ist eines der wenigen relativ stabilen Elemente des Landes.

Das polnische Wetter ist eines der wenigen relativ stabilen Elemente des Landes. Wettervorhersagen, die nahelegen, dass es angebracht sei, einen Regenschirm mitzunehmen, sind in der Regel korrekt. Der Klimawandel macht die Situation jedoch etwas unberechenbarer, bringt Überschwemmungen, Stürme und Wirbelstürme über das Land. Also gehört auch der Wetterbericht in die Sparte der beliebtesten TV-Sendungen.

Parlamentssitzungen werden im Fernsehen übertragen, mit dem vorhersehbaren Effekt, dass die polnischen Machthaber dadurch noch weniger respektiert werden, als das ohnehin schon der Fall war. Insbesondere politische Skandale nehmen viel Sendezeit in Beschlag: Langwierige parlamentarische Debatten werden komplett live übertragen und werden durch die Zuschauer gerne mitverfolgt. Wohl kaum ein Volk kostet Skandale so sehr aus wie die Polen.

Straßeninterviews sind eine billige Art, um Sendezeit zu füllen. Die Polen, überaus erfreut, nach ihrer Meinung gefragt zu werden, treten nur zu gerne ins Rampenlicht. Es gibt Meinungsumfragen zu praktisch jedem Aspekt des polnischen Lebens. Marktuntersuchungen sind in Mode, aber auch wenn das Format beliebt, weiß keiner so recht, worum es eigentlich geht, oder ob man den Untersuchungsgegenstand eigentlich braucht.

Die Kinderprogramme sind in der Regel gut. Die Moderatoren sprechen mit ihren normalen Stimmen und Gäste werden nicht in grünen Schleim getunkt. Langjährige Tradition hat die Gute-Nacht-Geschichte ab 19 Uhr, das Signal für alle Eltern des Landes zu versuchen, ihre Kinder ins Bett zu bringen.

» Talkshows in Polen – in dem Land, das Spezialisten vergöttert – sind voll von Spezialisten, die über ihr Spezialthema sprechen.

Im Gegensatz zu westlichen Talkshows voller Promis, die für irgendetwas Werbung machen, sind Talkshows in Polen – in dem Land, das Spezialisten vergöttert – voll von Spezialisten, die über ihr Spezialthema sprechen. Gameshows sind jedoch genauso abgeschmackt wie anderswo, und Reality-TV ist weithin verbreitet.

Die Kirche, früher vom Fernsehen ausgeschlossen, füllt nun jeden noch so kleinen Rest an Sendezeit. Die Übertragung von Messen und anderen religiösen Zeremonien beschränkt sich nicht länger nur auf das Sonntagsprogramm.

Polnische Seifenopern sind beliebt und folgen der britischen Tradition – sie stellen das alltägliche Leben von einfachen Leuten dar –, auch wenn sie eher die Mittelschicht als die Arbeiterschicht darstellen. Um die stetige Nachfrage nach Geschichten über das aufregende Leben von unglaublich reichen Menschen zu stillen, importieren die Polen südamerikanische Seifenopern. Diese zeigt man am Vorabend und die Zielgruppe sind ganz klar Frauen beim Kochen des Abendessens, damit sie von der Küchenspüle wegträumen können.

Ausgehen

Die Polen sind passionierte Theaterbesucher und das Angebot ist in der Regel ordentlich. Zwar ist nicht alles immer düstere Avantgarde-Kunst, aber im Bereich des experimentellen Theaters findet man durchaus Aufführungen, die wirken, als würde der klangliche Surrealismus eines Komponisten wie Penderecki auf der Bühne materielle Gestalt annehmen. Die Hochschule für Film in Łódź zieht Studenten aus aller Welt an und produziert dermaßen viele Absolventen, dass im Abspann von praktisch jedem Film, der irgendwo auf der Welt gezeigt wird, mindestens ein polnischer Name aufgelistet ist.

›› Die Leute gehen gerne in die Oper und zu Konzerten und zwar am liebsten in Abendkleidung.

Die Leute gehen gerne in die Oper und zu Konzerten und zwar am liebsten in Abendkleidung. Sie sitzen gerade und raunen ein „Psst!“ beim leisesten Knistern von Bonbonpapierchen, falls jemand denn so unverschämt ist, welche mit in die Vorstellung zu nehmen. Sogar bei Open-Air-Konzerten sitzen Polen gerade und sagen „Psst!“.

Naturverständnis

In einem Land, das zu einem Drittel mit Wald bedeckt ist, leben alle Polen nur eine Busfahrt vom Wald entfernt. Die Liebe zu den Wäldern ist tief im polnischen Herz verwurzelt. Sie sind eine Quelle für Nahrung, Erholung, Exporte, und wenn es hart auf hart kommt, bieten sie Unterschlupf vor aufdringlichen Invasoren.

Das ländliche Polen sieht aus wie eine typische Patchworkdecke. Polen war der einzige Ostblockstaat, der keine Landkollektivierung durchführte, und da es kein Erstgeburtsrecht gibt, wird Landeigentum allen Nachkommen zu gleichen Teilen hinterlassen. So konnten ansehnliche Landgüter im Laufe von ein paar Generationen zu kleinen Landstreifen mit zwei Reihen Bohnen, drei Reihen Kartoffeln oder ähnlichem degenerieren, mit zwei Mastschweinen und einer in der Mitte angebundenen Kuh, und das alles auf weniger Land, als ein europäischer Durchschnittsbauer vorzuweisen hat.

» Die Liebe zu den Wäldern ist tief im polnischen Herz verwurzelt.

Dieser Prozess wird nunmehr rückgängig gemacht. Da die Arbeitslosenquote auf dem Land die Dörfer leergefegt hat, haben die verbliebenen Bauern expandiert und automatisiert. Die Patchwork-Stücke der Landschaftsdecke werden immer größer und verändern das Aussehen der Landschaft. Die Pferdekutschen sind fast ganz verschwunden, ebenso wie die krummen Rücken bei der manuellen Ernte, nun sind Traktoren und Mähdrescher die Norm. Glücklicherweise waren die alten Düngemethoden noch nicht verschwunden, und das

Agrobusiness hatte sich noch nicht durchgesetzt, sodass es recht einfach war, zu gesunden Bio-Anbaumethoden zurückzukehren.

Polen ist eines der wenigen Länder in Europa, in denen es noch einen echten Bauernstand gibt. In der Tat verbirgt sich auch im Herz des vornehmsten Polen ein Bauer.

Kluge Polen sorgen dafür, dass sie in allen Ländern, die sie bereisen möchten, Familie haben. Genauso schmückt man sich mit nahen und entfernten Verwandten, die irgendwo in Polen die Äcker bearbeiten. So kommen die Stadtbewohner in den Genuss frischer biologischer Erzeugnisse und kleine Kinder können auf grünem Gras herumrennen.

» **Kluge Polen sorgen dafür, dass sie in allen Ländern, die sie bereisen möchten, Familie haben.**

Wem die Weitsicht fehlt, sich Familie auf dem Land warmzuhalten, profitiert von der blühenden Agrotourismusindustrie (erfunden als Mittel gegen die ländliche Armut) oder investiert in działki (Schrebergärten). Letztere sind perfekt gepflegt, mit einer erstaunlichen Reihe an Nutz- und Kulturpflanzen, und das Gartenhäuschen ist alles andere als ein Provisorium aus rostigen Nägeln, sondern oftmals eher ein palastartiges Miniaturhaus. Von Weitem ähneln sie verzauberten Gartenanlagen für Kobolde.

Polnische Städter aus den Hochhäusern verbringen die Wochenenden, Sommerferien und sogar ihre Rentnerzeit in den Schrebergärten. Wer sich nicht einmal einen Schrebergarten leisten kann, wird das Familiengrab in eine Keimzelle für ein gut gepflegtes Blumenmeer verwandeln.

Sport

Die beliebtesten Freizeitaktivitäten sind Bergsteigen, Bergtouren, Segeln und Ski fahren – wobei Sportbegeisterte all dies genießen können, ohne das Land verlassen zu müssen.

Besonders der Skisport rückte in den Blick der Zuschauer durch den Weltklasse-Skispringer Adam Małysz – klein dem Namen nach („Małysz“ bedeutet „Kleiner“) und auch in echt nur 1,70 Meter groß, darüber hinaus süß aussehend. Mit seinem Erfolg hat er die Herzen der Nation erobert und eine Flut von neuen Talenten angespornt, es ihm gleich zu tun.

Angesichts ihrer Vorliebe für Wintersportarten ist es verwunderlich, dass es nicht mehr solcher Erfolgsstorys gibt. Ein nachvollziehbarer Grund, warum die Polen dem Kommunismus mit Nostalgie nachtrauern, ist das damalige Sportangebot. Die Stipendien und Trainingseinrichtungen, die jedem talentierten jungen Menschen zur Verfügung standen, sind in den Zeiten des Kapitalismus verschwunden. Privates Sponsoring ist noch immer sehr selten.

›› Für Mannschaftssportarten sind die Polen zu anarchisch.

Für Mannschaftssportarten sind die Polen zu anarchisch. Wenn es schon ein Mannschaftssport sein soll, dann wählen sie Volleyball oder Basketball. Fußball lieben sie allerdings: Sobald sich 22 Freiwillige gefunden haben (oder noch besser elf Freiwillige, die gegen elf Freiwillige aus einem anderen Land spielen), können die Polen sich im Sessel zurücklehnen und sich in kritischen Tiraden epischen Ausmaßes ergehen. Aus diesem Grund ist auch Bridge eine nationale Leidenschaft. Es gibt den Spielern Raum für Auseinandersetzungen und zwar sowohl mit ihren Spielpartnern als auch mit den Gegnern.

Essen & Trinken

Essen gilt als missraten, wenn es nicht reichlich ist – Nouvelle Cuisine ist nichts für Polen.

Polnisches Essen ist dazu da, satt zu machen. Es trägt den kalten, strengen Wintern und dem Energieverbrauch im täglichen Leben Rechnung. Das Klima hat sich nicht geändert, aber das Büroleben ist deutlich weniger kalorienintensiv als das Umgraben des Landes und das Einbringen der Ernte. Die meisten traditionellen polnischen Gerichte brauchen viel Vorbereitungszeit und sind nicht gerade leicht für den Magen. Jetzt haben Ärzte viel Aufklärungsarbeit zu leisten, wenn sie vermitteln wollen, dass es auch schwere Kost für das Herz ist. Inzwischen werden die Portionen tatsächlich kleiner.

›› Essen gilt als missraten, wenn es nicht reichlich ist – Nouvelle Cuisine ist nichts für Polen.

Das Frühstück, das zu unchristlichen Zeiten eingenommen wird, weil der Arbeitstag früh beginnt, besteht aus verschiedenen Sorten Aufschnitt, Brot und Kaffee. Das zweite Frühstück besteht aus einer Kleinigkeit, die man am Arbeitsplatz verzehren kann: Meistens ein weiterer Kaffee und ein Butterbrot am Schreibtisch. Wenn dieser Schreibtisch nun gerade im Kundenbereich einer Bank steht, isst man eben vor den Augen der Öffentlichkeit.

Der Arbeitstag endet gegen 15 Uhr. Die Hauptmahlzeit des Tages, *obiad* (Abendessen), wird gegessen, sobald es der Nachhauseweg erlaubt. Suppen als Vorspeise sind ein Muss; sie sind reichhaltig und sehen aus, als müsse man sie mit Messer und Gabel in Angriff nehmen. Die berühmteste ist wohl *barszcz,* sprich Rote-Bete-Suppe. *Rosół* (Hühnersuppe) ist, wie in der jüdischen Tradition, weitaus mehr als nur eine Suppe. Es ist das medizinische und psychologische Pendant zur englischen Tasse Tee.

›› Die berühmteste polnische Suppe ist wohl barszcz.

Als zweiter Gang ist ein Stück Fleisch mit zwei Arten Gemüse üblich – Schweinefleisch, Rindfleisch oder Hähnchen, aber kein Lamm. Für die Polen ist Schafsfleisch gleich Hammelfleisch, von dem sie (nicht ganz unberechtigt) behaupten, dass es stinkt. Ein alternativer Hauptgang wäre ein Nudelgericht wie *pierogi* (dreieckige, süße oder herzhafte Maultaschen), die man überall in Osteuropa kennt.

Kolacja (Abendbrot) wird als letzte Mahlzeit des Tages irgendwann zwischen 18 Uhr und Mitternacht gegessen, je nach den Bettzeiten oder anderen Gewohnheiten der Familie. Genau wie das Frühstück besteht es vornehmlich aus Brot, Käse und Aufschnitt. Das ist gar nicht so eintönig, wie es klingt, da die Polen eine verblüffend große Auswahl an Aufschnittarten haben. Sie räuchern so ziemlich alles und haben genauso viele Wurst- und Schinkenarten wie die Franzosen Käsesorten.

Die Polen lieben auch Käse und stellen viele Varianten her, einige davon werden auch geräuchert. Eine einzigartige einheimische Käseart, *oscypek*, ist darüber hinaus auch ein Beispiel für die Volkskunst – er ist rautenförmig und ist mit eingeprägten volkstümlichen Mustern verziert. Es gibt ihn in zwei Variationen: weich und frisch wie ein dehydrierter Hüttenkäse mit einer salzigen Note, oder hart und reibbar, so ähnlich wie Parmesan. Es gibt außerdem eine erstaunliche Palette von Sahnearten, insbesondere saure Sahne: für Suppen, für Desserts, für Soßen. Egal wo man es in der Küche brauchen könnte, die Polen stellen das passende Sahneerzeugnis her.

» Egal wo man es in der Küche brauchen könnte, die Polen stellen das passende Sahneerzeugnis her.

Unter den traditionellen Gerichten wird *bigos* auf den Speisekarten in der Regel als Jägertopf geführt. Früher wurde *bigos* im Winter in einem Kessel über einem Lagerfeuer gekocht. Als Basis nahmen die Jäger einen Topf Sauerkraut und fügten dann das Fleisch von einem Tier hinzu, das sie an dem Tag erlegen konnten. Anschließend ließen sie es mehrere Tagen köcheln, wobei es zwischendurch immer mal wieder im Schnee abgekühlt wurde. Heute ersetzt eine flache Bratfläche das Lagerfeuer, und der Kühlschrank soll den Effekt des Schnees nachahmen, aber man sollte das Gericht nach wie vor mindestens zwei Tage lang köcheln lassen. Auf diese Weise wird der durch das Weihnachtsfest abgestumpfte Appetit am zweiten Weihnachtstag wieder zum Leben erweckt, und das Gericht ist eine der besten Tarnungen für Truthahnreste.

Die Polen machen Gurken, Rote Bete, Kohl, Zwiebeln, Pilze, eigentlich so ziemlich alles, in Weckgläser ein – eine Reminiszenz an die langen, strengen Winter bevor man Kühlschränke hatte. Wenn der Herbst vor der Tür steht, verspüren die meisten Hausfrauen einen urtümlichen Drang irgendetwas einzumachen. Was nicht eingeweckt wird, wird in Alkohol eingelegt. Die traditionellen polnischen Kräuter sind Petersilie, Majoran, Lorbeerblätter und massenweise Dill. Polnische saure Gurken werden in die ganze Welt exportiert und so wissen jetzt alle, dass saure Gurken mit einem Dillzweig im Glas nun einmal besser schmecken. Supermärkte bieten eine verwirrende Auswahl von importierten Gewürzen an, was vermutlich dazu führt, dass die nächste Generation von Polen, genau wie andere junge Europäer, in dem Glauben aufwächst, dass Curry ihr traditionelles Nationalgericht sei. Indessen gibt es längst eine polnische Gegenkampagne, eine Marketingstrategie, die so effektiv ist, dass man polnische Lebensmittel nun auf der ganzen Welt bekommen kann. Vielleicht werden *kabanos* (die fingerdicke, lange Räucherwurst) oder *bigos* ja noch zum nächsten Döner.

›› Polnische Schnecken werden nicht verzehrt, sondern eingesammelt und nach Frankreich verschickt.

Polnische Schnecken werden nicht verzehrt, sondern eingesammelt und nach Frankreich verschickt, damit die Franzosen sie dort essen; eine überaus souveräne Art, sie über den Gartenzaun zu werfen.

Kompott und Kuchen sind allgegenwärtig, insbesondere der mit gemahlenen Mohnsamen gefüllte Strudel, in den auch Trockenfrüchte wie Feigen, Datteln und Rosinen sowie Honig eingearbeitet werden.

Wenn es Fisch gibt, ist dieser entweder eingemacht (Hering) oder es handelt sich um Süßwasserfische: Karpfen, Hecht, Lachs, Forelle. Obwohl die polnische Fischfangflotte einst zu einer der größten der Welt zählte, sind die Polen mit den Gaben des Meeres nie so richtig warm geworden. Als die Regierung versuchte, dies mittels einer Plakatkampagne zu ändern, gesellte sich zu ihrem Slogan „Esst Dorsch“ schnell der Graffitizusatz „Scheiße schmeckt noch schlechter“.

Dagegen genießt das, was der Wald zu bieten hat, hohes Ansehen. Alle Arten von Beeren und Pilzen werden begierig gesammelt, selbst Vollblutstädter wissen, wo die Nüsse hängen. Wenn man auf einer einsamen Insel strandet, sollte man einen Polen zum Gefährten haben, denn dann wird man nie Hunger leiden müssen.

» Wenn man auf einer einsamen Insel strandet, sollte man einen Polen zum Gefährten haben, denn dann wird man nie Hunger leiden müssen.

Trinken und Trinksprüche

In vielen Ländern ist der Frühstückskaffee eine schlappe, milchige Angelegenheit. Nicht so in Polen, wo er aus einem großzügigen Löffel gemahlenem Kaffee besteht, der mit kochendem Wasser in einem Glas aufgebrüht wird. Wenn der Löffel nicht von allein stehen bleibt, ist der Kaffee nicht gut. Man lernt aus Erfahrung, wann man zu Nippen aufhören sollte, bevor man den Kaffeesatz schluckt.

Tee trinkt man ohne Milch, er wird mit Zitrone in einem speziellen Glas serviert, das so entworfen ist, dass man sich garantiert die Finger verbrennt. Tee mit Milch nennt man „Bayrisch“ und ist nur etwas für stillende Mütter.

Früher trank man Wodka daheim, dort wurde er schließlich auch destilliert. Ein Chemiebaukasten für Kinder mit dem Namen „Der kleine Chemiker“ ist landläufig immer noch als „Der kleine Brauer“ bekannt. Heute aber locken die Bars und Kneipen, die selbst in den kleinsten Städten aus dem Boden sprießen, viele Gäste zum Essen und Trinken nach draußen und damit in die Öffentlichkeit.

Wodka wird in zwei Kategorien eingeteilt: trocken und klar für Männer, zumindest in der Theorie (einschließlich *Żubrówka,* der Wodka mit dem Grashalm in der Flasche), süß für die Damen. Aufgepasst bei polnischen Spirituosen: Sie haben in der Regel einen Alkoholgehalt von über 40 Prozent und werden unverdünnt getrunken – reinstes Feuerwasser! Man sagt den Frauen zwar einen Hang zum Süßen nach, aber sie müssen ebenso hart im Nehmen sein wie die Männer.

›› Süße Wodkasorten können aus wirklich allem hergestellt werden.

Süße Wodkasorten in technicolorartigen Farben können aus wirklich allem hergestellt werden: aus reifen Schattenmorellen, Honig, Nüssen, Zitronen oder scharfen Chilischoten. Es gibt sogar einen Wodka, in dem winzige Stückchen Gold schwimmen. Die Polen, die ihren Wodka im Geschäft kaufen, frisieren ihn zuhause noch ein bisschen und kreieren so leckere hausgemachte Spirituosen. Diese werden in der Regel auf der Basis von reinem polnischen Trinkspiritus mit 95 Prozent Alkoholgehalt hergestellt, was reinem Alkohol am nächsten kommt und der stärkste Drink ist, den die Menschheit kennt. Pur trinken sollte man vermeiden und wenn, nur mit vorheriger Sicherheitseinweisung und weicher Unterlage neben sich.

Die Trinkmethode besteht darin, ein winziges Kristallglas nach einem Trinkspruch in einem Zug zu leeren, normaler- und vernünftigerweise begleitet von viel Essen. Es ist eine Legende, dass die Polen das kostbare Kristallglas des Gastgebers in den Kamin werfen. Sie behalten die Gläser schön in der Hand, um sicherzustellen, dass sie wieder gefüllt werden. Die Trinkspruchrunde beginnt in der Regel mit einem Toast auf das Wohl des Gastgebers, dann auf das Wohl der Gäste, dann der schönen Damen, der feinen Herren, schließlich stößt man auf die Junggesellenzeit an. Danach wird der Abend traditionsgemäß sich selbst überlassen.

›› Es ist eine Legende, dass die Polen das kostbare Kristallglas des Gastgebers in den Kamin werfen. Sie behalten die Gläser schön in der Hand, um sicherzustellen, dass sie wieder gefüllt werden.

Sinn für Humor

Der Ton des polnischen Humors ist zumeist ironisch, trocken und oftmals schwarz – so, als würde man in einem düsteren Wald anfangen zu pfeifen. Polen halten öffentliche Personen, insbesondere solche aus der politischen Arena, für legitime Zielscheiben. Schließlich wurde niemand gezwungen, für ein Amt zu kandidieren. Die politische Satire, ebenso wie der große polnische Politwitz, der während des Kommunismus als Ersatz für die politische Debatte diente, erwacht aus dem Winterschlaf, in den sie nach der Unabhängigkeit fiel. Derzeitige Themen sind aber eher Sitten und Lebensstile, beides in monumentalen Umwälzungsprozessen begriffen. Korruption, die in medizinischen Berufen noch immer verbreitet ist, ist Ziel des folgenden Witzes:

» Polen machen Witze über sich selbst und kommen so anderen zuvor.

Arzt: „Ihre Krankheit ist ein äußerst seltener Fall, der die medizinische Wissenschaft bereichern wird."
Patient: „Würden 200 Złoty reichen, Herr Doktor?"

Polen machen Witze über sich selbst und kommen so anderen zuvor. Zum Beispiel: „Der Manager einer reisenden Theatergruppe beschwerte sich, dass, wenn er eine Tragödie aufführt, die Einnahmen komisch seien. Und als er einmal versuchte, eine Komödie zu zeigen, waren sie tragisch." Trotz der furchtbaren polnischen Sanitäranlagen sind Fäkalthemen sonderbarerweise weniger beliebt als in Frankreich oder Italien. Ganz im Gegensatz zum Thema Sex oder auch Schwiegermütter:

„Und, was macht dein Schwiegersohn so?"
„Genau das, was ich ihm sage."

Moden beim Humor kommen und gehen, aber der kleine Jasiu, der Plagegeist der Kinderkrippe, bleibt immer gleich frühreif. Er hat sogar seine eigene Webseite.

Jasiu: „Kann die fünfjährige Basia schwanger sein?"
Gynäkologe: „Natürlich nicht."
Jasiu: „Verdammte kleine Erpresserin."

Auch Religion ist ein beliebtes Thema, häufig mit einer respektlosen Note:

Beichtvater zu einem jungen Mann: „Also, wie sündigst Du?" – Junger Mann zum Beichtvater: „Vater, ich bin hierhergekommen um zu beichten, nicht um anzugeben."

Priester: „Kinder, was müssen wir tun, bevor der Priester uns unsere Sünden vergeben kann?" – Kleiner Jasiu: „Sie begehen, Vater?"

Wortspiele erfreuen sich größter Beliebtheit, zum Beispiel:

„Ich hab eins von deinen Gedichten gelesen." – „Das letzte?" – „Das hoffe ich."

Die Polen schätzen – ähnlich wie die Briten – Skurriles und Unsinn. So gibt es den Cartoon von einem flügellosen Vogel, der beim Fliegen denkt: „Wozu brauche ich einen Kühlschrank, wenn ich nicht einmal ein Telefon habe?"

Im Kampf der Geschlechter bewegen sich – angetrieben von einem Gespann aus Selbstzweifeln und Orientierungslosigkeit – beide. Und wie in Polen üblich verkehrt man Zweifel in Witze:

> Nach einem heftigen Streit mit ihrem Mann lässt die Frau ihren Zorn bei einem beruhigenden Bad verdampfen. Als sie wieder aus dem Schaum steigt, schaut sie in den langen Spiegel: von vorn, von der Seite, von hinten, langer Seufzer, von der anderen Seite und dann wieder von vorn. Wieder ein tiefer Seufzer, gefolgt von einem Ausbruch: „Na, das geschieht ihm verdammt nochmal recht!"

Wie zu erwarten gibt es massenweise Witze über das Trinken und Betrunkensein:

> „Entschuldigen Sie, wie spät ist es?"
> „Wissen Sie, ich könnte auch einen Drink vertragen."

> „Das Leben beginnt ab 50." (50 Gramm ist ein Standardmaß für Alkohol)
> „Es ist noch besser mit 100."

> Ehefrau: „Du hast versprochen, zu einem anderen Mann zu werden."
> Ehemann: „Habe ich auch. Der neue trinkt auch."

Tagebuch eines Besuchers:

Montag: Mit ein paar Polen etwas Trinken gegangen.
Dienstag: Schlimmer Kater, fast gestorben.
Mittwoch: Mit den Polen etwas Trinken gegangen.
Donnerstag: Wäre ich nur am Dienstag gestorben.

Was wo verkauft wird

Heutzutage schieben Polen ihre Einkaufswagen durch westliche Supermärkte und kaufen sich, was sie wollen, wenn sie es sich leisten können. Es gibt keinen Grund mehr Reserve-Einkaufstaschen und große Mengen Bargeld mit sich herumzuschleppen, um bereit zu sein, wenn es etwas gibt. Eine ganze Generation von Kindern hat die leeren Regale und das Schlangestehen für Fleisch nie selbst erlebt, und ihre Eltern sind froh darüber. Aber wenn die Kinder im Bett liegen und Zeit für Nostalgie ist, verspüren viele einen seltsamen Anfall von Sehnsucht nach ihrer Jugendzeit, als das Glück aus einem Kilo Schinken bestand, aus zwölf Rollen Toilettenpapier oder einem BH, der einem auch tatsächlich passte, und jeder beim Schlangestehen gleich war.

» Eine ganze Generation von Kindern hat die leeren Regale und das Schlangestehen für Fleisch nie selbst erlebt.

Die Zeiten, in denen praktisch bei allen Waren in den Geschäften Bedienungsanleitungen in allen Sprachen der Welt außer Polnisch beilagen, sind auch vorbei. Damit hat sich auch das Ratespiel „Ist es eine Tube Mayonnaise oder eine Hämorrhoidensalbe?“ erledigt.

Das Einkaufen in Polen ist erwachsen geworden. Durchglobalisierte Malls sind vollgestopft mit Shops und Modelabeln im Einheitsstil, sodass sich wohlhabende Krakauerinnen mit reichen Pariserinnen messen können, jedenfalls wenn sie es geschafft haben, denselben Hüftumfang zu behalten, den sie hatten als sie acht waren.

Eingedämmt wird die Globalisierung durch eine Unzahl von kleinen Läden, die nationale Produkte feilbieten: Keramik, Glas, Kristall und ähnliches aus traditionellen Erwerbszweigen, dazu lokales Kunsthandwerk und das alles gesprenkelt mit Blumenläden, Bäckereien, die auch tatsächlich backen ..., die also Waren anbieten, die das Auge erfreuen, das Herz weiten und den Geldbeutel öffnen.

›› Die meisten Polen sind erstaunlich gut informierte Hypochonder.

Gesundheit & Hygiene

Die meisten Polen sind erstaunlich gut informierte Hypochonder. Sie werden Ihnen nicht nur detailliert erklären, was mit ihnen selbst nicht stimmt und wie ihre Beschwerden behandelt werden. Wenn Sie sie nicht rechtzeitig stoppen, dann werden sie Ihnen auch noch erzählen, was Sie zur Behandlung Ihrer gesundheitlichen Probleme unternehmen sollten.

Polen spezialisieren sich gerne auf ein bestimmtes Leiden. Sie wissen darüber dann nicht nur mehr als viele westliche Professoren, sie sind auch gleich noch mit dem landesweit bedeutendsten Fachmann zu dem Thema befreundet oder verwandt und zitieren ihn ausgiebig.

Polnische Ärzte scheint es nicht zu stören, wenn sie auf Parties oder an öffentlichen Orten auf medizinische Fragen angesprochen werden, und sie stimmen Ihnen bereitwillig zu, dass Ihre Krankheitssymptome die interessantesten sind, denen sie je begegnet sind. Das ultimative Beispiel dafür ist wohl der Arzt, der auf einem Friedhof spazierenging, als ihn eine Stimme aus dem Grab nach einer Wurmkur fragte.

›› Polen kennen sich mit einem großen Spektrum an Behandlungsmethoden aus, von den ältesten Kräuterheilmitteln bis hin zu den neuesten Medikamenten.

Polen kennen sich mit einem großen Spektrum an Behandlungsmethoden aus, von den ältesten Kräuterheilmitteln bis hin zu den neuesten Medikamenten der Schulmedizin. Es lohnt sich, ihnen zuzuhören, denn sie haben in der Regel Recht. Überall in Polen gibt es mittlerweile Polikliniken, die mit neuester Technologie ausgestattet, flexibel bei der Terminvergabe und im Vergleich zu Privatkliniken verhältnismäßig günstig sind. Polen besuchen sie ebenso regelmäßig und oft, wie sie zur Kirche gehen. Sie wollen ihren Finger am Puls der Zeit haben und bei der Gelegenheit auch gleich ihren Blutdruck, Cholesterinspiegel, Insulinwerte oder die Nierenfunktion messen – alles, was sich messen lässt, sollte auch gemessen werden.

Die empfohlenen Arzneimittel bekommt man dann in der Apotheke. Während manche Krankenhäuser noch immer recht schmuddelige, traurige Orte sind, sind die meisten Apotheken so sauber, dass man darin problemlos vom Boden essen könnte und sich das Licht auf jeder Flasche und Ampulle spiegelt. Zum Verkauf angeboten werden Produkte der weltweit marktführenden Hersteller, aber auch jedes alternative Heilmittel, das der Menschheit bekannt ist. Wenn irgendwo in Polen noch Schlange gestanden wird, dann hier, denn Apotheker beraten ihre Kunden ausführlich und fachkundig zu allem, woran sie leiden mögen. Die in der Schlange Stehenden beschweren sich nur selten, denn sie sind zu sehr damit beschäftigt zuzuhören.

» Wenn irgendwo in Polen noch Schlange gestanden wird, dann in den Apotheken, denn Apotheker beraten ihre Kunden ausführlich und fachkundig.

Wer keine Zeit hat, die Apotheke vor Ort aufzusuchen, bekommt Gesundheitsprodukte im Fernsehen angeboten. Mehr als die Hälfte der Werbezeit nehmen sie in Beschlag, darunter liegen Mittel zur angeblichen Heilung der Kurzzeit- und Langzeitfolgen von Alkohol in Führung, gefolgt von Produkten gegen die Gebrechen des Alters wie zum Beispiel Kräuter gegen die Minderung des Sehvermögens und natürlich Anti-Aging-Cremes. In der verbleibenden Werbezeit werden Finanzprodukte beworben, wie zum Beispiel Versicherungen, die es einem erlauben, all diese Wundermittel zu bezahlen.

Wenn man ins Krankenhaus muss, sollte man dafür sorgen, dass man sein Essen von außen geliefert bekommt, denn sonst muss man sich auf eine ungeplante Diät einstellen. Man sollte auch darauf vorbereitet sein, den Arzt, die Krankenschwester oder die Putzfrau bestechen zu müssen, damit man sich nicht mit einer Tagesdecke auf dem Flur wiederfindet. Die Bestechlichkeit im Gesundheitswesen zu überwinden, hat sich als eine besonders schwierige Reformaufgabe erwiesen, obwohl es dagegen drakonische Maßnahmen von seiten der Regierung gibt, darunter das Verhaften und Abführen eines führenden Kardiologen in Handschellen mitten in einer Herztransplantation.

» Die Bestechlichkeit im Gesundheitswesen zu überwinden, hat sich als eine besonders schwierige Reformaufgabe erwiesen.

Am besten man hält sich an die weniger tödlichen Krankheiten und die Privatkliniken, die einem gleich einen Ausdruck mit dem Zustand aller inneren Organe mitgeben. Falls der ungünstig ausfällt, bekommt man gleich die Namen und Behandlungszeiten der passenden führenden Spezialisten dazu genannt.

Fließendes Wasser

Bei einem polnischen Waschbecken gibt es keinen Stopfen, da sich die Polen unter fließendem Wasser waschen. Waschbecken und Badewannen werden über Mischbatterien bedient, sodass man sich nicht verbrüht, und die Heißwassererzeugung ist häufig mit dem lokalen Fernwärmesystem verbunden, was ökologisch und wirtschaftlich vorteilhaft ist. Früher war es sogar umsonst, aber es ist noch immer preiswert.

Außer Haus empfiehlt es sich für den Notfall immer Toilettenpapier dabei zu haben. Öffentliche Toiletten unterlagen traditionell der Obhut von respekteinflößenden Damen, die einem gegen Entrichtung einer bestimmten Summe einige Lagen graues Toilettenpapier überreichten, wahlweise auch mit Holzsplittern. Personalabbau hat die meisten dieser Damen arbeitslos werden lassen, und Gott sei Dank hat weiches, mehrlagiges Toilettenpapier in Polen Einzug gehalten. Aber obwohl die öffentlichen Sanitäranlagen sich bedeutend verbessert haben, kann es immer noch Überraschungsmomente geben.

Die Atmosphäre

» Eine beliebte Erklärung für die meisten Leiden in Polen ist Druck.

Eine beliebte Erklärung für die meisten Leiden in Polen ist Druck. Dabei ist nicht Stress gemeint, obwohl: Wenn irgendjemand zurecht von sich behaupten könnte, im Stress zu sein, dann wären es die Polen. Nein, hier ist die Rede von der atmosphärischen Variante. Mantra-artig wird *ciśnienie* (Luftdruck) als Ursache für beliebig viele Missstände angeführt, alles von Krampfadern bis hin zum Zustand der Wirtschaft. Leidet man unter hohem oder auch niedrigem Blutdruck, wird behauptet, das Barometer sei schuld. Es gibt kaum einen Polen mit normalem Blutdruck. Wer an Bluthochdruck leidet, zitiert endlos die neuesten Gesundheitswarnungen, handelt allerdings keineswegs danach. Typisch sind Aussagen wie „Ich sollte das wirklich nicht essen, aber …“ Diejenigen, die an niedrigem Blutdruck leiden, schütten ohne mit der Wimper zu zucken so viele Tassen Kaffee in sich hinein, dass es das stärkste Pferd umhauen würde, und behaupten, dass dies die einzige Möglichkeit sei, ihren Kreislauf in Gang zu halten.

Kultur

Publizieren und überwältigt sein

Das Schreiben, sei es in der Form von Zeitungen, Zeitschriften oder Büchern, ist die Ader, durch die das polnische Blut (sprich: Worte) fließt. Wenn drei Polen auf einer verlassenen Insel festsitzen, würden sie zweifellos vier politische Parteien gründen (zwei davon in einer Koalition und eine als Splittergruppe). Jede würde ihre eigene Zeitung, Zeitschrift und eine Serie von anderen Publikationen produzieren.

›› Ohne Bücherregal ist kein polnischer Haushalt komplett.

Hinter jedem Autor versteckt sich ein Verleger, und hinter jedem Verleger verbirgt sich ein Archivar. Bibliotheken dokumentieren die Anwesenheit oder auch nur Durchreise von Polen auf der ganzen Welt. Die „Ständige Konferenz der polnischen Museen, Archive und Bibliotheken im Ausland" hat Mitglieder auf der ganzen Welt.

Ohne Bücherregal ist kein polnischer Haushalt komplett, wobei ein Regalbrett den Klassikern gewidmet ist. Henryk Sienkiewicz, der polnische Walter Scott, ist dort normalerweise zu finden. Im Ausland ist er eher durch den Roman

„Quo Vadis" als dem Namen nach bekannt. Das Buch war einer der ersten internationalen Bestseller im modernen Sinn. Seine Werke sind immer wieder verfilmt worden (und werden es noch), allerdings hat er daran wegen des polnischen Urheberrechts – beziehungsweise dem Mangel daran – kaum etwas verdient. Besonders geschätzt wird er für seine Trylogia, angesiedelt in der polnischen Glanzzeit des 17. Jahrhunderts. Viele Polen können ganze Passagen aus seinen Büchern rezitieren und tun es auch.

Ein weiterer Autor, der in keiner Hausbibliothek fehlen darf, ist Adam Mickiewicz, ein revolutionärer Romantiker, der nach der Novemberrevolution 1830 mit Chopin und anderen nach Paris ins Exil ging, wo er wundervolle und bewegende Schilderungen des Polens seiner Kindheit zu Papier brachte:

„Wie die Gesundheit bist du, mein Vaterland;
Wer dich noch nie verloren, der hat dich nicht erkannt."

Seine frühen Werke haben nichts von ihrer Kraft und Bedeutung verloren: Die Studentenrevolte 1968 in Warschau begann, nachdem die Aufführung seines Theaterstücks „Dziady" verboten wurde (wörtlich: „Vorväter", deutscher Titel: „Totenfeier"). Hier einige Verse aus seinem Versepos „Pan Tadeusz":

O einzig Glück, wer sich zur Dämmerstunde
Mit seinen Freunden am Kamin besprach
Und vor Europens Lärmgetös die Tür verschloss,

Sich in Gedanken schwang in bess're Zeiten
Und träumte und an seine Heimat dachte…

Eine typisch polnische Anomalie ist wohl der in vortrefflichem Englisch schreibende Joseph Conrad, der dennoch als polnischer Autor gesehen werden wollte, der sein Land repräsentiert. Recht neu im Kanon der Klassiker ist Wisława Szymborska, die Nobelpreisträgerin von 1996. Der Titel eines ihrer Gedichte lautete „Gespräch mit einem Stein". In einem anderen Gedicht heißt es schlicht:

Freude am Schreiben.
Möglichkeit des Erhaltens.
Rache der sterblichen Hand.

Musik

Für ein Land mit relativ bescheidenen populären Fähigkeiten in Sachen Musik bringt Polen ein ansehnliches Spektrum von Weltklassekomponisten und Musikern hervor, vom allgegenwärtigen Chopin über Paderewski (Präsident zwischen den beiden Weltkriegen und eindeutiger Beweis, dass Polen besser durch Musiker regiert wird als durch Elektriker) bis hin zu den Modernisten Lutosławski und Penderecki – die als Geschmackssache gelten – oder dem modernen, aber dennoch traditionelleren Górecki.

Polnische Popmusik, wenn auch ein schwacher Abklatsch westlicher Mode mit seltenen originellen Highlights, experimentiert mit einer Fusion von Folkmusik, insbesondere der der Goralen, und Reggae, was erstaunlich gut funktioniert.

Jazz ist in Polen nie aus der Mode gekommen, jetzt sind polnische Musiker führend beim internationalen Revival des Jazz – vielleicht auch ein Grund, warum sich Nigel Kennedy hier niedergelassen hat.

Film

Zu Zeiten des Kommunismus war die Filmemacherei in Polen eine riskante Angelegenheit. Die Zensur war so streng, dass polnische Regisseure sich eines kraftvollen Symbolismus und ausgeklügelter Allegorien bedienten. Heute ist die Zensur längst passé, aber die Kunst des visuellen Symbolismus ist eine Spezialität der polnischen Filmkunst geblieben. Der Vater dieser Kunstform ist Andrzej Wajda, der der Welt die triste Realität des polnischen Lebens näherbrachte, insbesondere in seinem Film *Człowiek z marmuru* (Mann aus Marmor, 1977), in dem das Leben unter Stalin beschrieben wird, und in *Człowiek z żelaza* (Der Mann aus Eisen, 1981), der in der Zeit des Kriegsrechts spielt. Als leichte Unterhaltung verfilmte er auch einige Perlen der polnischen Literatur wie *Wesele* (Die Hochzeit) und *Pan Tadeusz* (s.o.), in denen es um frühere, glücklichere Zeiten geht. Er setzte den Ton und die Standards für alle, die sich auf seinen Spuren aufs internationale Parkett wagten, darunter Polanski, Zanussi, Skolimowski und Kieślowski, von denen viele ebenfalls zwischen einer düsteren Realität und einer glorifizierten Vergangenheit schwankten.

»Zu Zeiten des Kommunismus war die Filmemacherei in Polen eine riskante Angelegenheit.

Agnieszka Holland, die zahlreiche Auszeichnungen gewonnen hat, stand zunächst allein auf weiter Flur. Nach ihrem Abschluss tat sie sich jedoch mit anderen zusammen und wurde Teil einer verschworenen Gruppe, in der jeder im Film des anderen mitwirkte, die Drehbücher gegenseitig geschrieben wurden und man die Metaphorik voneinander übernahm. Viele von ihnen waren Mitglieder der Gruppierung „Cinema of Moral Anxiety" (etwa 1974–81), deren Name das Gesamtwerk der polnischen Filmemacher pointiert zusammenfasst.

Architektur

Die Polen schützen ihre historischen Innenstädte nicht nur vor dem Zahn der Zeit und dem Fortschritt, sie bauen auch liebevoll alles wieder auf, was durch andere, weniger sentimentale Länder verwüstet wurde. Nach dem Zweiten Weltkrieg erschufen sie Warschau und Danzig neu. Obwohl es mittelalterliche Städte gibt, die noch nicht durch gelbe McDonald's-Bögen verdorben sind, erstrahlen doch mittlerweile weite Teile Polens in Neonlicht.

›› Sowjet-Architektur war ein noch größeres Desaster als all die architektonischen Verirrungen, die zu dieser Zeit im Westen vorherrschten.

Neo-brutalistische Sowjet-Architektur war ein noch größeres Desaster als all die architektonischen Verirrungen, die zu dieser Zeit im Westen vorherrschten. Überall im Land trifft man auf das Erbe der dichten Reihen von wuchtigen Beton-Wohnblöcken. Die Versuche, deren Fassaden aufzumöbeln, verlangen polnischen Erfindergeist, zeitigen aber immerhin einigen Erfolg. Alte Häuser wurden abgerissen oder dem Verfall überlassen, also bestand die einzige Alternative darin, selbst zu bauen. Städteplaner ließen nur wenige Modelle zu, alle mit der gleichen eckigen Flachdach-Silhouette, die nun jeder Hauseigentümer verändern möchte. Jetzt sind die Dächer wie Achterbahnen geformt, weil jeder seinen Nachbar übertrumpfen will.

Neue Eigenheime sind geschmackvoll bis lächerlich, von Pseudo-Le-Corbusier bis Haciendas im Dallas-Stil – und jeder macht mit. Selbst verschimmelnde Ruinen werden gekauft und restauriert. Viele der Besitzer von halbfertigen Häusern sind damit beschäftigt, die Häuser von anderen Leuten im europäischen Ausland zu bauen. Damit verdienen sie dann das nötige Kleingeld, um die eigenen grandiosen Pläne daheim zu verwirklichen. Das ganze Land mutet wie eine große Baustelle an.

›› Ironischerweise haben viele von Polens berühmten Söhnen und Töchtern keine polnisch klingenden Namen.

Nationalhelden

Ironischerweise haben viele von Polens berühmten Söhnen und Töchtern keine polnisch klingenden Namen und man bringt sie daher nicht mit dem Land in Verbindung. Frankreich beansprucht die meisten für sich: Chopin hatte einen französischen Vater und somit einen französischen Nachnamen, aber seine Erziehung, sein Herz und seine markante Nase waren polnisch. In Polen kennt man ihn als Szopen.

Marie Skłodowska Curie, die Entdeckerin des Radiums, war ganz und gar polnisch. Der nicht polnische Teil ihres Namens stammt von ihrem Ehemann, Pierre Curie, und die Polen kämpfen noch immer mit der britischen Marie-Curie-Stiftung darum, dass ihr Mädchenname in den Namen des Instituts aufgenommen wird. Kopernikus (Kopernik im Polnischen) war ebenfalls Pole und stammt aus dem polnischen Toruń. Die Deutschen, denen zufolge die Stadt von Zeit zu Zeit deutsch war und die daher auch Kopernikus als Deutschen ansehen, müssen entweder unausstehliche Streithähne sein, oder sie haben eine Vollmeise. Als die Schweden ihre Ausflüge auf polnischen Boden machten, plünderten sie Kopernikus' Bibliothek, die sich heute in Uppsala befindet. Sie verweigern die Herausgabe mit der Ausrede, dass Polen kein sicherer Ort sei, weil es immer wieder von allen umliegenden Ländern geplündert würde, was nach einer sehr verdrehten Logik sogar stimmt.

» Wenige Nicht-Polen wissen, dass es in der Geschichte der englischen Monarchie diverse Verbindugen nach Polen gibt.

Kościuszko bringt man eher mit einem Berg in Australien in Verbindung als mit dem Namen des Polen, der für die polnische und amerikanische Unabhängigkeit kämpfte. Wenige Nicht-Polen wissen, dass es in der Geschichte der englischen Monarchie diverse Verbindugen nach Polen gibt: Knut der Große war Halbpole ebenso wie Bonnie Prince Charlie (beide mütterlicherseits). Joseph Conrad schrieb auf Englisch und anglisierte seinen Namen – wer kann es ihm verdenken? Hätte man ihn so viel gelesen, wenn er unter dem Namen

Korzeniowski publiziert hätte? Donald Tusk, der ehemalige Ministerpräsident Polens und Präsident des Europäischen Rates ist auch Pole – aber wer hätte das von seinem Namen her vermutet?

Die Polen revanchieren sich damit, dass jeder Ausländer, der in einen polnischen Bibliothekskatalog aufgenommen wird, als Pole eingebürgert wird. So wird aus Shakespeare Szekspir, während Winnie the Pooh sich in Kubuś Puchatek verwandelt.

Die einzige Methode, um in Polen anhaltende Popularität zu erreichen, ist, tot zu sein. Dann werden überall Porträts aufgehängt und Straßen werden nach einem benannt. Die Helden, die der Kommunismus dem Land aufgezwungen hatte, wurden von Schildern, Landkarten und Denkmalsockeln entfernt, während die früheren Helden rehabilitiert wurden. Es gab aber keine Racheaktionen, nicht einmal an den meistgehassten Vertretern der alten Garde.

» Die einzige Methode, um in Polen anhaltende Popularität zu erreichen, ist tot zu sein.

Der Witz über General Jaruzelski, der sein eigenes Porträt befragt, was wohl aus ihnen beiden werden wird, und zur Antwort erhält „Sie holen mich runter und hängen dich stattdessen auf", hat sich nicht bewahrheitet. Die Polen sind von Natur aus nicht rachsüchtig und sie suchen auch keinen Makel auf den weißen Westen ihrer erwählten Helden, sondern vergeben ihnen für ihre (kleinen) Vergehen.

Wem sie nicht vergeben können, sind Helden, die im Ausland ihre polnische Herkunft verraten. Lech Wałęsa hatte man viel Handlungsspielraum gelassen. Die Polen waren sich immer seiner Unzulänglichkeiten bewusst, hofften aber, dass er es schaffen würde, in ausländischen Palästen zurechtzukommen. Doch als er sich aufplusterte und überheblich wurde, wurde er zur Zielscheibe für eine ganze Armada von Witzen.

Leszek Balcerowicz, in den Augen der internationalen Bankenwelt der Architekt des polnischen Wirtschaftswunders, gehört in eine andere Kategorie. Als brillanter Ökonom wird er als Person geschätzt, aber als Finanzreformer gehasst, und das, obwohl seine Reformen sich eindrucksvoll bezahlt gemacht haben.

Der Papst, insbesondere ein polnischer Papst, ist die Ausnahme von der Regel. Selbst Atheisten, Agnostiker und diverse Vertreter der Kategorie „Weiß nicht“ glauben an „ihren“ Papst. Wo Wałęsa als missratener Sohn galt, bei dem man sich nicht einmal darauf verlassen konnte, dass er noch weiß, welches Messer man wann benutzt, war Wojtyła, Papst Johannes Paul II., der Clevere, der immer etwas Intelligentes zu sagen hatte, und es immer verstand, die Form zu wahren, auch unter Ausländern, egal wie vornehm diese waren. Was seine etwas eigenwilligen Ansichten zum Thema Sex angeht, nun ja, selbst Helden dürfen die ein oder andere Schwäche haben.

›› Selbst Atheisten, Agnostiker und diverse Vertreter der Kategorie „Weiß nicht“ glauben an „ihren“ polnischen Papst.

Konversation & Gestik

Polen gestikulieren im Durchschnitt ein bisschen mehr als die Franzosen und etwas weniger als die Spanier.

Es gibt eine Reihe von Zeichen, die zum Ausdruck bringen, dass man Alkoholkonsum plant (etwa, indem man sich mit Zeigefinger und Daumen an die Kehle schnipst), oder dass jemand anders schon zu viel davon hatte. Wenn man einen langatmigen Witz damit kommentiert, dass auf Hüfthöhe erst die Handfläche nach unten gehalten und dann nach oben gedreht wird, bringen die Zuschauer damit zum Ausdruck, dass der Witz einen so langen Bart hat, wie die Hand hoch ist.

Manche Ausdrücke lassen sich eins zu eins übersetzen: „Wo der Pfeffer wächst" ist auf Polnisch genau *„tam, gdzie pieprz rośnie"*, ganz abgesehen von Ausdrücken, die direkt aus dem Deutschen übernommen sind wie *„ganc egal"*. Auch das Wort „teuer" hat im Polnischen dieselbe Doppeldeutigkeit und kann wie im Deutschen sowohl „geliebt" als auch „hoher Preis" bedeuten. Bei anderen Redensarten bevorzugen die Polen eine klare Sprache: Wenn man ausdrücken möchte, dass jemand nicht versuchen soll, einen Meister seines Fachs zu belehren, kann man sagen *„nie ucz ojca dzieci robić"* (Lehre nicht den Vater, wie man Kinder macht).

›› Das bekannte „Na zdrowie" bedeutet wörtlich „Zum Wohl".

Das bekannte *„Na zdrowie"* bedeutet wörtlich „Zum Wohl" und wird nicht nur beim Zuprosten gesagt, sondern auch wenn jemand niest. Kleine Jungs mit laufender Nase, die kein Taschentuch dabei haben, sagen laut: „König Sobieski hatte einen Schnäuzer“ (und ziehen den Ärmel unter der Nase her) „und ein langes Schwert“ (und wischen den Ärmel nach unten an der Hose ab).

Die meisten anatomischen Anspielungen kann man direkt übersetzen. Das beliebteste harmlose Schimpfwort (etwa die Entsprechung für „Mist“) ist *„cholera“*, was wohl aus der Zeit der Cholera stammt, die zum Glück vorüber ist. *„Ale jaja“* bedeutet wortwörtlich „aber Eier“ und man sagt es eher als Anerkennung als als Schimpfwort, zum Beispiel als Reaktion auf eine gute Lügengeschichte.

›› Es gibt Leute in Polen, die eine Stunde lang fluchen können, ohne sich zu wiederholen.

Es gibt Leute in Polen, die eine Stunde lang fluchen können, ohne sich auch nur ein einziges Mal zu wiederholen. Diese Fähigkeit scheint allerdings eher an bestimmte Berufe gekoppelt zu sein als an die Nationalität: Soldaten, Klempner und Ärzte sind ganz vorn dabei.

Zweifel am leiblichen Vater des Beschimpften oder an der Tugend der Mutter und natürlich die bildhafte Beschreibung, was man sich wohin stecken kann, sind wohl die beliebtesten Themen beim Fluchen. Die Modeerscheinung, das Wort *„kurwa“* (Hure) quasi als Satzzeichen zu verwenden, ist ein egalitärer Trend, der bei Ärzten und Müllmännern gleichermaßen verbreitet ist, und das vorwiegend – aber nicht ausschließlich – unter Männern. Der Gebrauch dieses Wörtchens wird dermaßen überstrapaziert, dass es seine eigentliche Bedeutung vollkommen verloren hat. Es heißt, dass einmal jemand, der eine Geschichte erzählen wollte und dabei nach jedem dritten Wort *„kurwa“* sagte, am Ende kein Wort mehr für „Hure“ wusste, als er diesen Begriff tatsächlich brauchte und stattdessen auf „leichtes Mädchen“ ausweichen musste.

Bräuche & Traditionen

Religion

Einem alten Bonmot zufolge glauben Polen nicht an Gott, sondern an die Jungfrau Maria. Der Madonnenkult ist jedenfalls sehr ausgeprägt: Es gibt weitaus mehr Bildnisse und Statuen von ihr als vom Rest der Heiligen Familie, und 1717 wurde sie sogar offiziell zur Königin Polens gekrönt.

Die Nation hat eine pragmatische Einstellung zur Religion. Es gibt in Polen für wirklich jede Glaubensgemeinschaft eine Kirche oder einen Ort des Gebetes und diverse Sekten – von der Moon-Sekte bis zu Evangelisten aller Art – finden unter jungen Polen immer mehr Anhänger.

» Die Polen zelebrieren gewissenhaft die Rituale, befolgen aber die Dogmen nur, wenn es ihnen passt.

Wie viele andere Nationen sind auch die Polen in Zeiten der Not weitaus religiöser als sonst. Sie zelebrieren gewissenhaft die Rituale, befolgen aber die Dogmen nur, wenn es ihnen passt. Daher war Verhütung nie ein Problem: einfach die Pille nehmen, weitermachen wie bisher und nachher alles beichten. In guten Zeiten behandeln sie Gott wie durchtriebene Neffen ihre unverheirateten Tanten – mit einem gelegentlichen, respektvollen Nicken und einem Blumenstrauß zur Absicherung der in Zukunft zu erwartenden Erbschaft.

Als die Kommunisten törichterweise versuchten, die Polen am Ausüben ihrer Religion zu hindern, füllten sich die Kirchen bis zum Gehtnichtmehr. „Verboten" ist für den Polen ein Begriff der Ermunterung. Jetzt, da diese Art von Protest nicht länger vonnöten ist, leeren sich die Kirchen langsam. Trotz des „Wojtyła-Faktors" wird die Kirche wie im restlichen Europa bald nur noch für alte Damen und Touristen da sein, obwohl sie mit allen Mitteln dagegen ankämpft.

Das zunehmende Interesse (manche würden es auch Einmischung nennen) der Kirche an Politik – ein Kampf zwischen Kirche und Staat um Herzen, Köpfe und Macht – bringt einst gläubige Leute dazu, sich gegen den Klerus zu wenden. Dass das Verhalten der Kleriker als gierig wahrgenommen wird (Priester kämpfen für ein staatliches Einkommen), ist da wenig hilfreich, ebensowenig wie die Tatsache, dass die Kirchenführung nichts gegen Polens Problempriester Vater Rydzyk ausrichten konnte oder wollte, dessen reaktionärer Sender Radio Maryja und der zugehörige TV-Sender viele der Kirche entfremdet haben. Die Anti-Abtreibungsgesetze, die trotz erheblicher Opposition durch den *Sejm* (das Parlament) gedrückt wurden, brachten der Kirche jene Art von Verachtung ein, die einst für die Kommunistische Partei reserviert war.

›› Der Großteil des gesellschaftlichen Lebens in Polen dreht sich immer noch um die örtliche Kirche.

Dennoch dreht sich der Großteil des gesellschaftlichen Lebens in Polen immer noch um die örtliche Kirche, denn wo sonst kann man seine neuesten Klamotten oder das Auto vorzeigen, seine Freunde auf ein bisschen Klatsch oder einen Flirt treffen? Die meisten Feierlichkeiten und das öffentliche Leben hängen am Kirchenkalender. Am meisten sind es Prunk, Glanz und Gloria der römisch-katholischen Kirche, die den Polen zusagen. Der Protestantismus hatte daher nie eine Chance – viel zu fad.

Feiertage

Die Polen folgen noch der uralten europäischen Tradition, das Winterfest zu feiern, das heute unter dem Namen Weihnachten bekannt ist. Der Startschuss für die Festlichkeiten fällt an Heiligabend – ohne Fleisch, aber dafür mit zu viel von allem anderen. Damit hat das Fest richtig begonnen. Alle Feiern in Büros, Institutionen und sonstwo finden nach Weihnachten statt und lockern so die blassen Monate Januar und Februar auf. Abgenommen wird die Weihnachtsdekoration erst nach Mariä Lichtmess am 2. Februar, wenn Kerzen in den Fenstern angezündet werden, um die Wölfe auf Abstand zu halten. Das alles kommt zur Weiberfastnacht, mit Karneval und Krapfen, vor der Fastenzeit zu einem glanzvollen Ende.

›› Zu Weihnachten hat jede polnische Kirche eine Krippe, die natürlich die beste der ganzen Gegend ist.

Zu Weihnachten hat jede polnische Kirche eine *szopka* (Krippe), die natürlich die beste der ganzen Gegend ist. Familien wandern von Kirche zu Kirche, um sie zu bewundern und natürlich zu kritisieren. Der Gemeindepfarrer einer Kirche in Wrocław (Breslau), ein passionierter Sammler von

Aufziehspielzeugen, breitet seine Kollektion im ganzen Seitenschiff der Kirche aus. Seine Weihnachtskrippe marschiert, nickt mit dem Kopf, dröhnt und beugt sich in immerwährender Bewegung. Krakauer Krippen sind aufwändige, mit bunter Metallfolie verzierte Kreationen aus winzigen Figuren und Gebäuden im Krakauer Stil, mit Türmchen und Zwiebelkuppeln. Es finden jährlich Wettbewerbe statt und die besten Krippen kommen dann ins Museum. Der Ausdruck *robić szopkę* (wörtlich „eine Krippe machen"), wobei man anderswo vielleicht an einen bescheidenen Stall mit Hirten und Schafen denken würde, bedeutet in der polnischen Umgangssprache „Wirbel machen".

Weihnachten wäre nicht Weihnachten ohne die Mitternachtsmesse, wenn die Menschen in die Kirche ziehen, und zwar nach der *Wigilia,* dem traditionellen 12-Gänge-Festschmaus. Ein Wunder gibt es jedes Jahr: Keine Kirche ist bislang spontan explodiert, auch wenn die Luft 50 Vol.-% hat.

›› Weihnachten wäre nicht Weihnachten ohne die Mitternachtsmesse.

Alle Polen kennen die Texte der Weihnachtslieder, aber leider sind sie anders als Waliser, Italiener und Russen nicht für ihre choralen Fähigkeiten berühmt. Enthusiasmus und Stimmgewalt gleichen den Mangel an Vokal-Talent aber aus.

Ostern ist in Polen noch immer ein religiöses Fest und der Gottesdienst findet in der Kirche und nicht wie in Großbritannien im Baumarkt statt. Menschen, die mit einem Korb mit einem Drei-Gänge-Menü darin spazieren gehen, wollen damit entweder einen Verwandten im Krankenhaus durchfüttern oder am Ostersonntag damit in die Kirche, um ihr Sonntagsfrühstück segnen zu lassen. An Ostermontag gießen (vor allem junge) Polen Wasser übereinander. Es ist ein Brauch aus der heidnischen Zeit, und man kann ganz schön nass nach Hause kommen.

Fronleichnam ist eine gute Gelegenheit für kleine Mädchen, mal wieder ihre Kommunionskleidchen anzuziehen, bevor sie ihnen entwachsen sind, und darin in der Stadt flanieren zu gehen. Viele Kirchengemeinden und viele Berufsstände haben ihren eigenen Schutzheiligen, den man mit farbenfrohen Prozessionen feiert. Zum Beispiel feiern die Feuerwehrleute Sankt Florian am 4. Mai, während die Schlesier am 4. Dezember Umzüge veranstalten, dem Tag der Heiligen Barbara, Schutzpatronin der Bergleute.

›› Der Star unter den polnischen Heiligen ist die Jungfrau Maria.

Jede Kirchengemeinde, jedes Dorf und jede Stadt hat auch ihren kleinen Schrein am Wegesrand, dekoriert mit frischen Blumen, selbst an abgelegenen Bergpässen und im Wald, oftmals mit einer Aufschrift, die an Gräueltaten aus grauer Vorzeit oder Autounfälle der jüngeren Vergangenheit erinnert.

Der Star unter den polnischen Heiligen ist die Jungfrau Maria. Das wichtigste Heiligtum ist eine Ikone, die Schwarze Madonna von Częstochowa (Tschenstochau). Es ist die polnische Antwort auf Lourdes und zieht Pilger aus dem ganzen Land an, oftmals zu Fuß. Als 1981 während des Kriegsrechts das Tragen von Solidarność-Abzeichen verboten wurde, trugen die Leute stattdessen Abzeichen mit der Jungfrau von

Częstochowa. Oder einen elektronischen Widerstand – der Name sagte schon alles – und schließlich war Lech Wałęsa Elektriker.

Todesfälle

Todesfälle werden in Zeitungen kundgetan sowie auf schwarz umrandeten Postern, die an Wände und Bäume in Stadtzentren und an Eingangspforten angeschlagen werden. Darauf wird entweder die Zeit und der Ort der Beerdigung genannt oder sie dienen einfach der Erinnerung an den Verstorbenen.

» Der Tod ist das zweitbeliebteste Konversationsthema nach der Gesundheit.

Beerdigungen werden gut besucht und der Tod ist das zweitbeliebteste Konversationsthema nach der Gesundheit – was ja nicht einer gewissen Logik entbehrt. Die Versicherungsunternehmen müssen noch dahinterkommen, wie sehr sich alte Leute vor einem Armengrab fürchten, also verkaufen Bestattungsinstitute Grabstätten komplett mit (noch nicht beschrifteten) Gedenksteinen. Angeblich haben schon einige extrem einsame Menschen ihre zukünftigen eigenen Gräber versorgt und Kerzen darauf angezündet.

An der Pforte zum Friedhof in Zakopane steht das Motto: „Eine Nation besteht aus ihren Menschen und ihren Gräbern". Die Polen halten ihre Ahnen in Ehren. Allerseelen am 1. November (auch: Tag des Verkehrsstaus) wird in ganz Polen gefeiert. Familien durchqueren das Land von einem Ende zum anderen, und kommen sogar aus dem Ausland angereist, um die Familiengräber zu besuchen. Sie verbringen viele Stunden damit, ihre Besuche minutiös zu planen, damit sie niemanden auslassen. Das Kerzenlicht der größeren Friedhöfe kann man kilometerweit sehen.

Friedhöfe sind fast nie leer. Familien versorgen Gräber genauso umsichtig wie ihre Vorgärten. Die Grabstätten beliebter Persönlichkeiten, insbesondere von Kinderbuchautoren, werden regelmäßig besucht und mit Schulabzeichen, Blumen und Kerzen herausgeputzt. Manche Grabstätten sind wahre Kunstwerke. Schulen und Pfadfindergruppen wird manchmal ein Friedhof zur Pflege anvertraut, insbesondere Gräber von Familien, von denen keiner mehr lebt oder deren Familienmitglieder weggezogen sind.

›› Familien versorgen Gräber genauso umsichtig wie ihre Vorgärten.

Manche Friedhöfe sind nationale Denkmäler, so zum Beispiel der Powązki in Warschau, auf dem die Toten des Warschauer Aufstandes liegen. Die einfachen Kreuze mit Inschriften wie „Soldat, 14 Jahre“ sind berührend und schwer zu ertragen.

Urlaub

Die Polen haben eine beachtliche Anzahl an offiziellen Feiertagen, viele davon im Gedenken an Schlachten, ob gewonnene oder verlorene. Umfragen zufolge halten rund 60 % der Bevölkerung den Verfassungstag am 3. Mai für den wichtigsten. Die Kommunisten versuchten, ihn durch den Internationalen Tag der Arbeit am 1. Mai zu ersetzen (in Polen bekannt als „1. April für die Arbeiter“), bei dem Schulkinder und Arbeiter zum Marschieren und Fahnenschwenken auf die Straße geschickt wurden. Das hat so tief an der polnischen Seele genagt, dass es allgemein als deutlichste Manifestation der Unterdrückung angesehen wurde. Es gibt dokumentierte Fälle von Dissidenten, die ihre Beine eingipst haben, um nicht teilnehmen zu müssen. Dennoch widerstrebt es den Polen einen Feiertag fallen zu lassen, egal welchen Ursprung er hat. Als Kompromiss feiern daher viele Polen gleich alle drei Feiertage vom 1. bis zum 3. Mai.

Mit Begeisterung nehmen die Polen neue Gelegenheiten zum Feiern auf und so haben sie moderne, kommerzielle Feste schnell in ihren Kalender integriert. Bis vor ein paar Jahrzehnten noch komplett unbekannt, ist der Valentinstag heute ein echter Renner: all diese Karten und Blumen! Jetzt ist der Valentinstag so fest etabliert, dass sogar die Post mitmacht und spezielle Briefmarken mit Herzen und Rosen herausgibt.

›› Mit Begeisterung nehmen die Polen neue Gelegenheiten zum Feiern auf.

Am Weltkindertag müssen Kinder nicht zur Schule. Die meisten Schulen veranstalten ein Ausflugs- und Besuchsprogramm, und man lässt den Kindern mehr Freiheiten als sonst. Nur Geschenke bekommen sie nicht am Weltkindertag, denn an Geburtstagen, Namenstagen, Nikolaus (6. Dezember, wenn Geschenke unter dem Kopfkissen auftauchen), Weihnachten, Kommunion und Konfirmation werden polnische Kinder schon reichlich beschenkt. Die Eltern danken dem Himmel, dass die polnischen Kinder die Zahnfee nicht kennen – noch nicht.

Geschenke

Die Polen haben die zivilisierte Angewohnheit Namenstage statt Geburtstage zu feiern, was verschiedene Vorteile hat:

- Auf Kalendern sind die Tage der Heiligen vermerkt. Somit wird man daran erinnert, wen man besuchen oder anrufen sollte.
- Keiner fragt nach deinem Alter, wenn du dran bist.
- Wenn man schlau oder gierig ist, kann man es auf zwei Partys und zweimal so viele Geschenke pro Jahr bringen.

Die Polen legen einem Geschenk keine Grußkarte bei. Grußkarten nutzt man nur für Menschen, mit denen man keinen direkten Kontakt hat. Blumen überreicht man persönlich. Blumengeschäfte gibt es überall und gekauft werden Blumen zum Namenstag, Geburtstag, Jahrestag, zur Begrüßung, zum Abschied, wenn man eine Freundin besucht oder weil einem danach ist.

» Am Internationalen Frauentag ist es üblich, dass Männer für so viele Frauen Blumen kaufen, wie sie es sich leisten können.

Am Internationalen Frauentag, noch ein ehemaliges kommunistisches Fest, ist es üblich, dass Männer für so viele Frauen Blumen kaufen, wie sie es sich leisten können: für die Ehefrau, Geliebte, Mutter, Sekretärin, Freundinnen – und eine Flasche Wodka für sich selbst. Der Direktor einer großen Fabrik, der all seinen Arbeiterinnen eine Freude machen wollte, hat angeblich eine vorbereitete Rede gehalten und dann jeder der 700 Arbeiterinnen der ersten Schicht einen

Blumenstrauß überreicht. Als er aber mit der zweiten Schicht halb durch war, bekam er einen Herzinfarkt und fiel tot um. Damit machte er den Arbeiterinnen unbeabsichtigt das beste Geschenk überhaupt: Sie hatten den Rest des Tages frei.

Das Personal in Blumenläden überall auf der Welt ist immer wieder verblüfft über die große Zahl von Männern, die an diesem Tag riesige Sträuße Rosen kaufen, die sie sogar an vorbeigehende Frauen verteilen. Nur die Polen wissen, warum.

Volkskunst

Bäuerliche Traditionen, Tänze und Kunst werden geschätzt und gepflegt. Manche können noch immer einen Krakowiak oder eine schwungvolle Mazurka hinlegen, und die meisten beherrschen ein beeindruckendes Repertoire an Volksliedern. Aber vergangen sind die Zeiten, als man in jedem Haushalt regionale volkstümliche Kostüme für Fest- und Feiertage hatte. Die staatliche Unterstützung für Volkskünstler ist zusammengebrochen wie das ganze kommunistische System der Zuschüsse für hehre Zwecke. Aber es gibt noch immer viele Städte und Dörfer, in denen an diversen Feiertagen üppige Damen darauf bestehen, in der Prozession hinter der Madonna oder einer anderen Ikone zu laufen, so als wären sie noch junge Mädchen. Nicht alle von ihnen tun das nur wegen des Tourismusgeschäfts.

›› In jedem polnischen Haushalt findet man irgendein volkstümliches Kleinod.

Die Volkskunst ist keinesfalls tot. In jedem polnischen Haushalt findet man irgendein volkstümliches Kleinod: einen *pasiak* (farbenfroh gestreifte Textilien aus Łowicz), eine Tischdecke mit Kohlrosen in kräftigen Farben, eine Teekanne oder einen Teller mit traditionellen Mustern oder ein Lesezeichen dekoriert mit aus Papier geschnittenen Hähnen. Es mag bis zur Unkenntlichkeit stilisiert sein, aber es ist da und wird an Weihnachten, Ostern, dem 3. Mai oder für irgendeinen religiösen, patriotischen oder gesellschaftlichen Anlass hervorgekramt, der noch einen Schuss Authentizität braucht.

Polen halten an Traditionen fest. Archäologen, die den Mageninhalt einer prähistorischen Moorleiche untersuchten, fanden gekochten Weizen, Mohnsamen, Nüsse und Honig, mit anderen Worten *kutia*, ein nach wie vor typisches ostpolnisches Gericht an Heiligabend.

» Nur ein Pole würde versuchen, das Personal am Check-in-Schalter zu überzeugen, dass eine Mikrowelle ein Handgepäckstück darstellt.

Systeme

Transport

Obwohl die Polen ausgiebig reisen, halten sie nichts vom „Reisen mit leichtem Gepäck". Nur ein Pole würde versuchen, das Personal am Check-in-Schalter davon zu überzeugen, dass eine Mikrowelle ein Handgepäckstück darstellt, während er auch noch eine Reisetasche und fünf gefüllte Tragetaschen dabei hat. Und nur ein Pole hätte damit Erfolg.

Dennoch haben die Billigfluggesellschaften ein neues Phänomen erschaffen: den polnischen Vielflieger, der mit einer leichten Reisetasche und einem Lächeln durch die Flughäfen schlendert, weil er weiß, dass alles was er braucht – von Zahnpasta bis zu einem zweiten Paar Schuhe – an beiden Endpunkten seiner Reise auf ihn wartet. Für schwerere Transporte von Geschenken und ähnlichem greifen die Polen nunmehr auf erstaunlich preiswerte und effiziente Paketdienste zurück.

Gelegentlich kann man noch einen der winzigen Fiat 126 herumfahren sehen, einst das beliebteste Auto in Polen. Es ist geradezu herzerwärmend, wenn man einen sieht, dessen Dach so beladen ist, dass das Fahrzeug doppelt so hoch und lang ist. Das Auto transportierte früher die gesamte Nation.

›› Der Fiat 126 transportierte früher die gesamte Nation.

Die staatliche Eisenbahn wurde rundum erneuert, die Züge sind nunmehr sauber und pünktlich. Sie sind auch teuer und daher recht leer, also haben die Behörden das Marketing für sich entdeckt. Gratis Kaffee und Gebäck im Schnellzug kostet vermutlich nicht viel, aber macht einen sehr guten Eindruck.

Die öffentlichen Verkehrmittel sind zum Brechen voll. In den meisten Städten fahren Straßenbahnen, außerdem gibt es überall die biegbaren Busse, deren hintere Hälfte man lieber meiden sollte, denn selbst auf Polens mehr oder weniger gerade verlaufenden Straßen bekommt man darin ein Schleudertrauma.

Die Warschauer U-Bahn, eines der großen europäischen Dramen des Transportwesens (ebenso wie der Berliner Flughafen), fährt nun endlich regelmäßig und die Nutzer haben die früheren Probleme vergessen. Pläne zur Erweiterung zu einem richtigen Netz werden nun als vernünftiger – wenn auch langfristiger – Vorschlag gesehen und nicht länger als Scherz abgetan.

Grün ist wichtig

Die Polen sind im Grunde eine ländliche Nation und die Zerstörung und Umweltverschmutzung durch die kommunistische Industrialisierung hat die Bevölkerung deutlich gespürt. Viele der Altlasten wurden abgetragen, die giftigsten Industrien in empfindlicheren Gebieten wurden als Erstes geschlossen. Das goldene Dach der Krakauer Sigismund-Kapelle auf dem Wawelhügel wird nicht länger durch den sauren Regen der nahegelegenen Gießereien zerfressen, und selbst das industrielle Katowice (Kattowitz) ist jetzt sauberer, seit viele Fabriken und Minen stillgelegt worden sind. Aber das Erbe des sowjetisch inspirierten Umbaus von Wirtschaft und Gesellschaft lebt weiter: Die Arbeitslosen in Schlesien haben als Trost nur die saubere Luft.

» Selbst das industrielle Katowice ist jetzt sauberer, seit viele Fabriken und Minen stillgelegt worden sind.

Die Polen hatten erwartet, dass Deutschland ihnen beim Aufräumen helfen würde. Es erschien logisch, dass das Land, wohin die Verschmutzung fließt, als Erstes seine Hilfe anbieten würde. Aber die Deutschen mussten sich schon um ihre eigene wiedervereinigte Umweltverschmutzung kümmern, und waren nicht in der Lage, sich um die Verschmutzungen weiter flussaufwärts zu kümmern, bis die Sauerei flussabwärts nicht bereinigt war – auch wenn das geografisch unlogisch war. Und es geht noch weiter: Jenseits der polnischen Grenzen liegen die noch stärker verschmutzten, radioaktiven Länder Ukraine und Russland…

Die Kinder der zwei am schlimmsten betroffenen Gebiete liegen nur einige Autostunden von der frischen Luft des Tatragebirges entfernt. Sie werden dort jedes Schuljahr für mindestens zwei Wochen hingebracht, damit ihre Lungen eine Chance auf Erholung haben.

Recycling

Im Rest der westlichen Welt wurde jetzt etwas wiederentdeckt, was in Polen aus rein wirtschaftlichen Gründen nie aus der Mode gekommen ist: Schon in den 1970er Jahren wurden Coca-Cola-Abfüllwerke komplett mit der Möglichkeit zur Wiederbefüllung von Flaschen aufgebaut. Wenn auch Getränkekartons und Plastikflaschen auf dem Vormarsch sind, bietet das Einsammeln und Zurückbringen von Glasflaschen eine Einkommensquelle für die Kinder des Landes.

›› Polnische Männer basteln im Schuppen, sie bauen und reparieren allerlei Dinge.

Polnische Männer basteln im Schuppen, sie bauen und reparieren allerlei Dinge. Jeder durchschnittliche polnische Mechaniker ist in der Lage aus dem Äquivalent eines westlichen Schrottplatzes etwas Nützliches herzustellen – und tut das auch.

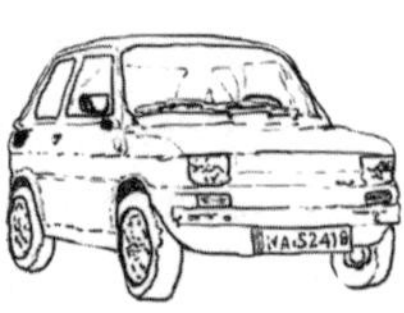

Ausbildung

Ein viel zitierter Spruch der Jesuiten besagt: „Gib mir ein Kind bis es sieben ist und ich gebe dir den Mann.“ Das polnische Bildungssystem basiert, wie die meisten in Europa, auf dem Schulmodell der Jesuiten. Aber heutzutage will der Staat es noch ein bisschen besser machen, also beginnt die Schulpflicht mit sechs Jahren mit der sogenannten Klasse Null. Die Gründe dafür sind sowohl wirtschaftlicher als auch bildungstechnischer Art, sprich: der Bedarf der arbeitenden Eltern an Kinderbetreuung.

Die polnische Bildungsreform ist ständig im Wandel begriffen, um nicht zu sagen, dass sie sich im freien Fall befindet. Gegenwärtig ist es so, dass alle Schulen in Altersgruppen von 6 bis 13 Jahren, 13 bis 16 und 16 bis 19 Jahren eingeteilt sind. Man schließt mit der *Matura,* den Abiturklausuren, ab (vom Stil her und der Spannbreite der Themen dem französischen *Baccalauréat* ähnlich und genauso stressig, inklusive dem verheerenden Effekt, den es auf die gesamte Familie des Prüflings hat).

›› Die höhere Bildung ist ein Labyrinth von öffentlichen und privaten Initiativen und Unternehmen.

Danach folgt die tertiäre Bildung: Ein Labyrinth von öffentlichen und privaten Initiativen und Unternehmen, das nur wenige Studierende und noch weniger Eltern durchblicken. Angeblich ist die Motivation der Regierung die Verbesserung des Ausbildungsstandards, aber der Umstand, dass es auch die Arbeitslosenstatistik undurchsichtiger macht und die Regierung gut dastehen lässt, ist zweifellos ein willkommener Bonus.

Obwohl die Polen relativ spät im Leben mit der Schule beginnen, werden sie noch später damit fertig, und manchmal nie. Es gibt zahlreiche „ewige Studenten“. Der erste Universitätsabschluss, den man bekommen kann, ist das *licencjat,* das nach einem dreijährigen Studium verliehen wird, dann folgt nach fünf Jahren der Master und schließlich ein Doktortitel. Danach kommen viele verschiedene Abstufungen von selteneren Doktoraten oder Professuren. Man kann sich auf jedes erdenkliche Themengebiet spezialisieren und alle diese Spezialisten publizieren endlos viele wissenschaftliche Veröffentlichungen.

» Das Bildungssystem hat das gleiche Problem, das auch in allen anderen Bereichen in Polen vorherrscht: chronischer Geldmangel.

Das Bildungssystem hat das gleiche Problem, das auch in allen anderen Bereichen in Polen vorherrscht: chronischer Geldmangel. Wegen der unterirdischen Bezahlung ist der Lehrerberuf nicht gerade dazu geeignet, gute Leute anzuziehen oder zu halten. Nachdem Unterricht im Schichtdienst ausprobiert wurde und gescheitert ist, ist jetzt Busfahren in Mode: Man schließt kleine Dorfschulen und ersetzt sie durch größere, besser ausgestattete, zentral gelegene Schulen.

Der landesweite Lehrplan, vor nicht allzu langer Zeit noch in Stein gemeißelt, bekommt zunehmend Risse. Neben einer breiteren Fächerauswahl werden auch neue Technologien eingeführt, wobei die Finanzknappheit Letzteres ausbremst. Die Ziele sind höher gesteckt, als die Möglichkeiten es erlauben. Angeblich war in einer Schule Folgendes zu hören: „Kinder, von heute an lernen wir Mathematik mit Hilfe von Computern. Also, Jasiu, sag, wie viel sind drei Computer plus sechs Computer?"

Auch gibt es ein großes Privatunterrichtsangebot in so ziemlich jeder Disziplin, ob Kunsthandwerk, Aerobic oder Aromatherapie. Die erfolgreichsten und beliebtesten sind Business, Marketing und IT-Kurse, egal ob daheim oder im Ausland. Da Arbeitgeber für Angestellte mit Universitätsabschluss kein höheres Gehalt mehr zahlen, besuchen viele jungen Leute lieber solche Kurse, statt zur Universität zu gehen. Viele machen auch beides. Ganz Polen scheint immer irgendetwas zu studieren.

» **Ganz Polen scheint immer irgendetwas zu studieren.**

Kriminalität & Bestrafung

Der Polizei mangelt es an Ansehen und Besoldung, um für Spitzenleute attraktiv zu sein, infolgedessen herrscht ein Mangel an Personal und Gehirnzellen. Sogar die einst unerschöpfliche Quelle an Polizeiwitzen ist versiegt, vielleicht weil die Realität die Satire blass aussehen lässt: Als Beweis ihrer exzellenten Fähigkeiten hat die Warschauer Polizei drei ausgebüchste Tiger und einen Tierarzt erschossen.

Hauptsächlich wegen seiner Lage am Übergang von Ost und West taucht Polen oft weit oben in Ranglisten internationaler Kriminalität auf. Das Land steht weit oben auf der To-Do-Liste von Drogendealern auf dem Weg von Ost nach

West, insbesondere solchen, die sich auf Amphetamine spezialisiert haben. Gleichzeitig verläuft ein Großteil des Handels mit gestohlenen Luxusautos von West nach Ost. Mercedes ist weiterhin der Favorit unter den *mafioski.* Mercedesbesitzer außerhalb dieser Zirkel können darauf zählen, in regelmäßigen Abständen um ihr Fahrzeug erleichtert zu werden. Zuvorkommende Polizisten werden die Bestohlenen an den Mann verweisen, der ihnen für eine entsprechende Gegenleistung das Auto von demjenigen wiederbeschaffen kann, der es gestohlen hat. Besitzer von weniger interessanten Autos sind recht sicher vor Raubzügen, obwohl es noch nicht lange her ist, dass man Polen in voller Abendkleidung beobachten konnte, die mit den begehrtesten Teilen ihres Fahrzeugs ins Konzert gingen – um sicherzustellen, dass sie auch weiterhin Eigentümer dieser Teile blieben.

» Am Ende eines heißen Sommers hat das Gewicht des Durchgangsverkehrs seine Spuren im polnischen Asphalt hinterlassen.

Auf den Straßen

Laut den neuesten Statistiken einer Studie zur weltweiten Verkehrsbelastung spielt Polen mittlerweile in der Champions League der verstopftesten Straßennetze. Am Ende eines heißen Sommers hat das Gewicht des Durchgangsverkehrs seine Spuren im polnischen Asphalt hinterlassen: Legale Waren, Diebesgut und westliche Expertise von West nach Ost sowie Rohmaterialien, desillusionierte Banker und Unternehmer von Ost nach West. Die Fahrer wissen, dass sie die Spurrillen (wobei „Rillen" etwas zu niedlich klingt) nur auf eigene Gefahr verlassen dürfen – und dass sie beim Versuch ihre Stoßdämpfer aufs Spiel setzen.

Die neue Gefahr der Flut an jungen Fahrern hat die ältere Variante in Gestalt des polnischen Bauern ersetzt. Letzterer betrachtete die Straßen, einschließlich der Autobahnen, als sein Eigentum und neigte zuweilen dazu, mit einem vollbeladenen Pferdefuhrwerk oder einer Herde Kühe ohne Rücksicht auf Leib und Leben auf die Straße geschossen zu kommen.

Eine besondere Gefahr auf den Straßen ging auch von der hinter Büschen lauernden Polizei selbst aus, die vor nichts ahnenden Fahrern mit emporgehaltener Kelle hervorsprang, um ein Bußgeld zu kassieren (welches von manchem Polizisten als Taschengeld betrachet wurde). Aber jetzt, da zwielichtige Banden auf die Idee gekommen sind, Polizeiuniformen anzuziehen, um dann Autofahrer anzuhalten, zu kidnappen oder auszurauben, war die echte Polizei gezwungen, den Autofahrern zu raten, die Signalkellen zu ignorieren.

» Eine besondere Gefahr auf den Straßen ging auch von der hinter Büschen lauernden Polizei selbst aus.

Geringfügigere Vergehen wie bei Rot über die Ampel zu gehen, werden mitunter mit einem sofortigen Bußgeld bestraft. Trunkenheit am Steuer kommt immer häufiger vor, trotz der drakonischen Strafen von hohen Bußgeldern bis zu Gefängnisstrafen – und polnische Gefängnisse sind keine Gästehäuser. Aufmerksame Polen richten auf Partys Fahrdienstpläne ein und diejenigen, die den Kürzeren gezogen haben und nüchtern bleiben, bekommen nichtalkoholische Getränke serviert. Trotzdem gibt es zahlreiche Unfälle. Nicht Trunkenheit oder die wachsende Zahl von Autos auf den Straßen sind das eigentliche Problem, sondern der Fahrstil.

Wirtschaft

Nach dem wirtschaftlichen Zusammenbruch Russlands und des Ostens im Allgemeinen hat der vielgepriesene polnische Wirtschaftstiger seine Klauen einziehen müssen. Die Arbeitslosenzahlen sind hoch, aber die Stimmung ist immer noch bestens. Junge Polen glauben, dass sie alles erreichen können, wenn sie sich nur anstrengen.

» Junge Polen glauben, dass sie alles erreichen können, wenn sie sich nur anstrengen.

Seit dem Kaltstart in den frühen 1990er Jahren, als es praktisch überhaupt keine Privatwirtschaft gab, haben die Polen rund zwei Millionen Firmen gegründet. Viele wurden einen Tag später schon an die Wand gefahren. Die meisten waren Ein-Mann-Betriebe (eventuell plus den Hund), aber einige machen jetzt „big business“. Die Glasindustrie gehörte zu den Ersten, die von einem verkrüppelten in einen blühenden Konzern verwandelt wurden. Kein westlicher Laden, der etwas auf sich hält, kommt heute ohne eine Auswahl von LSA-Gläsern aus (früher: Krosno). Kleinere Glashersteller schicken ihre Industriespione aus, um LSA-Entwürfe zu kopieren. IBM und Microsoft boten eine

Amnestie für Copyrightverletzungen, um polnische raubkopierte Software zu stoppen. Anschließend führten sie dann die legale Software mit großzügigen Rabatten ein. Jetzt lassen viele internationale Firmen ihre Computer in Polen zusammenbauen oder sogar dort fertigen.

Teile der Danziger Werft, wo die Wende begann, arbeiten noch im Schiffsbau, aber noch größere Teile werden zu Lofts für junge polnische Aufsteiger umgebaut.

Die Unternehmen dieser Welt rennen den Polen auf der Suche nach billigeren Arbeitskräften noch immer die Bude ein. Währenddessen suchen zahllose Polen auf der ganzen Welt nach Arbeit. Die auf den Baustellen im Ausland verdienten Euros, Pfund und Dollars werden mit nach Hause gebracht, um dort die private und öffentliche Infrastruktur wiederaufzubauen. Einzelne Länder betrachten dies entweder als Chance oder aber als Bedrohung, je nachdem wie realistisch sie ihren eigenen Mangel an entsprechenden Fertigkeiten einschätzen. Ob es nun Ursache oder Wirkung ist: Den Ländern, die den Polen die Tür vor der Nase zugeschlagen haben, geht es wirtschaftlich nicht so gut wie denen, die sie willkommen geheißen haben.

›› Die Unternehmen dieser Welt rennen den Polen auf der Suche nach billigeren Arbeitskräften noch immer die Bude ein.

Groben Schätzungen zufolge befinden sich zwischen einer und zwei Millionen Menschen der polnischen Erwerbsbevölkerung im Ausland. Vermutlich sind die tatsächlichen Zahlen niedriger, aber egal wie viel es genau sind, es hat einen nicht zu leugnenden Effekt auf die Wirtschaft Polens. An Weihnachten, wenn die im Ausland arbeitenden Polen zu ihren Familien zurückkehren, um sich zu treffen, zu feiern, Ski zu fahren und zu beten, sinkt der Wechselkurs.

Bankwesen

Einen Kredit aufnehmen ist ein relativ neuer Sport in Polen, aber einer, den sich die Polen mit der allergrößten Selbstverständlichkeit zu eigen gemacht haben, wie ein neuerer Aphorismus zeigt: „Wenn ich nicht so viele Schulden hätte, hätte ich nichts." Dennoch, egal ob bei nationalen oder individuellen Schulden, es ist noch reichlich Luft nach oben, bevor westliches Niveau erreicht ist. Wie es scheint, lohnt es sich manchmal, rückständig zu sein.

» Die Polen, junge wie alte, möchten nicht bei schweißtreibender Arbeit gesehen werden, insbesondere nicht von Außenstehenden.

Die Arbeitsmoral

Die Polen, junge wie alte, möchten nicht bei schweißtreibender Arbeit gesehen werden, insbesondere nicht von Außenstehenden. Es hat keinen Stil. Arbeit ist etwas, was unter erwachsenen Menschen im Stillen stattfinden sollte. Dennoch: Die Polen waren immer schon ein hart arbeitendes Volk und sind es auch heute. Mit der ehemals üblichen Praxis, bei der Arbeitnehmer in ihrem Büro stempeln, aber eigentlich auf Kommission für andere arbeiten, mögen Beamte noch immer durchkommen, aber private Arbeitgeber tolerieren das nicht mehr. Viele Polen haben reihenweise Arbeitsverhältnisse und hetzen daher von einem Job zum anderen. Dann kommen sie nach Hause und sacken vor dem Fernseher zusammen.

Natürlich gelten diese Vorstellungen von Arbeitsmoral nicht im Beamtentum. Bei den Bürokraten muss das Papier für eine vorgeschriebene Zeit auf dem Schreibtisch reifen, bevor es angeschaut werden kann, ganz zu schweigen davon, dass man sich damit beschäftigt. Während die Ratschläge für Polen, die sich in Großbritannien niederlassen wollen, auf ein zweiseitiges Faltblatt passen, füllen die Informationen zu den offiziellen Voraussetzungen, die zurückkehrende Polen berücksichtigen müssen, über fünfzig Seiten.

» Als von Natur aus verbindliche Optimisten erzählen die Polen einem, was man ihrer Meinung nach hören will, insbesondere bei der Zeiteinschätzung.

Als von Natur aus verbindliche Optimisten erzählen die Polen einem, was man ihrer Meinung nach hören will, insbesondere bei der Zeiteinschätzung. Am besten man zählt immer zwischen fünf Minuten und einer Ewigkeit zur angekündigten Anfangszeit eines gesellschaftlichen Anlasses dazu. Es ist nicht so, dass Polen zu spät kommen wollen – es ist einfach so, dass die Zeit mit ihren großen Schwingen oft an ihnen vorbeieilt. Das gilt allerdings nicht für die Arbeit, bei der das Einhalten der Zeit ein Muss ist. Geschäftstermine werden sekundengenau eingehalten, und denen die zu spät kommen, sagt man deutlich die Meinung.

Polnische Frauen werden schon lange an der Seite von Männern ausgebildet. Es gibt daher genauso viele Frauen wie

Männer im Ingenieurwesen und auch in der Wissenschaft. Auch in den oberen Etagen der meisten Berufssparten sind reichlich Frauen zu finden. Allerdings sind die Bereiche, in denen die Frauen dominieren auch schlecht bezahlt – etwa Schulwesen, Bibliothekswesen und Krankenpflege. Seit Langem sind zwei Einkommen wirtschaftliche Notwendigkeit, aber neben der Berufstätigkeit tragen Frauen noch immer die Hauptlast im Haushalt und bei der Kinderbetreuung. Manche Dinge sind einfach universell.

Jobsuche

Jobs bekommt man in Polen in der Regel durch ein ausgeklügeltes Patronagesystem. Junge Menschen, die ihre Ausbildung abschließen, scharwenzeln um Verwandte und Freunde herum, in der Hoffnung, als zusätzliche Hilfskräfte eingestellt zu werden, um dann – wenn sie gut sind – innerhalb der Firma befördert zu werden. Die meisten Organisationen haben Platz für solche außerplanmäßigen Hilfskräfte, da viele Arbeitnehmer für ein Auslandsjahr weg sind, also ist das kein Problem.

›› Jobs bekommt man in Polen in der Regel durch ein ausgeklügeltes Patronagesystem.

Für diejenigen, die bei dieser wahnsinnigen Variante der Reise nach Jerusalem außen vor bleiben, gibt es das Arbeitsamt mit einer Stellenanzeigenecke und dem ein oder anderen Berater. Oder sie wandern einfach aus ...

Einkommen

Wenn Polen einem erzählen, wieviel Geld sie verdienen, nennen sie das Grundgehalt, und das nach Abzügen und dann abgerundet. Sie versuchen, mit der Armseligkeit ihrer Einkünfte zu beeindrucken. Wenn Amerikaner und Westeuropäer von ihrem Gehalt sprechen, nennen sie aufgerundete Bruttozahlen, um zu beweisen, wie gut es ihnen geht. Das könnte dazu beitragen, dass die Polen glauben, alle Westler seien unglaublich reich.

» Die Polen versuchen, mit der Armseligkeit ihrer Einkünfte zu beeindrucken.

Jedes Gespräch über das Thema Gehalt rutscht schnell in den absurden Versuch ab, Gehälter daran zu messen, wie viele Wodkaflaschen, Brotlaibe und Fische der durchschnittliche Straßenkehrer pro Monat damit kaufen kann.

Regierung

Die Eroberer haben Generationen von Polen erzählt, dass sie für Politik ungeeignet seien und man ihnen daher keine Selbstverwaltung anvertrauen könnte. Invasionen wurden damit entschuldigt, dass man den Polen sagte: „Es ist nur zu eurem Besten“. Um sicherzugehen, dass sie nicht von törichten Unabhängigkeitsgedanken angesteckt wurden, schloss man auch die westlichen Grenzen. Allerdings vergebens, wie diese angebliche Konversation zwischen einem polnischen Präsidenten und seiner Lieblingsschauspielerin zeigt:

„Was auch immer Du begehrst, soll Dir erfüllt werden.'"
„Gib jedem einen Reisepass, der gehen möchte."
„Na, Du bist mir eine … Du willst wohl mit mir allein sein."

Trotzdem, mit der Zeit hat sich das Körnchen Wahrheit, das in der fadenscheinigen Argumentation steckte, in ein Samenkorn des Zweifels verwandelt, der zu einer gängigen, nicht mehr hinterfragten Meinung aufgeblüht ist. Die vielen Besatzungsjahre durch den ein oder anderen Invasoren haben Selbstzweifel in den Nationalcharakter eingebrannt und verdüstern das Grundwesen der polnischen Psyche. Tief in ihrem Inneren fürchten die Polen, dass sie nicht besonders gut darin sind, sich selbst zu regieren. Sie sind überzeugt, dass ihre Regierung korrupter als jede andere ist, ihre Politiker unfähiger, ihre nationalen Skandale indiskutabel und ihre Wirtschaft hoffnungslos. Auch wenn sie dankbar sind, dass die Vollidioten an der Macht ausnahmsweise mal ihre eigenen Vollidioten sind, ist Kritik an den Machthabern unerlässlich. Polen können nicht glauben, dass ihre Regierung irgendetwas anderes könnte, als Mist zu bauen. Das machen Regierungen nun einmal.

» Die Polen sind überzeugt, dass ihre Regierung korrupter als jede andere ist.

Obwohl Polen die Weltwirtschaftskrise der vergangenen Jahre relativ unbeschadet überstanden hat – es konnte als einziges europäisches Land eine Rezession vermeiden –, sind die Polen nicht etwa stolz darauf, sondern es hinterlässt ein Gefühl der Bestürzung und tiefer Depression bei ihnen. Sie spielen die Anzeichen herunter, dass es Polen gut geht, sie ignorieren die Artikel in der Weltpresse und glauben den veröffentlichten Statistiken einfach nicht. Viele sind überzeugt, dass ihnen die schlechten Nachrichten über den kritischen Zustand ihrer Wirtschaft durch eine internationale Verschwörung vorenthalten werden.

Statistische Indizes (Arbeitslosigkeit, Produktion, Exporte etc.) deuten auf einen Rückgang der polnischen Wirtschaft hin, was die Polen unglaublich froh macht. Ihre Freude wird nur dadurch getrübt, dass der Rest der Welt noch schlechter dran ist. Das polnische Temperament ist zum Überleben in schlechten Zeiten geschaffen. Mit guten Nachrichten können die Polen nichts anfangen.

» Viele sind überzeugt, dass ihnen die schlechten Nachrichten über den kritischen Zustand ihrer Wirtschaft durch eine internationale Verschwörung vorenthalten werden.

Politik

Auf den Rat führender westlicher Spezialisten hin hat Polen sich für das Verhältniswahlrecht entschieden – ein System, das in seiner Komplexität einem Labyrinth gleicht, teuer zu verwalten ist und keine eindeutigen Ergebnisse produziert, was ein Parlament ohne klare Mehrheitsverhältnisse oder Minderheitenregierungen praktisch garantiert. Dann gaben sie dem Präsidenten ein Vetorecht über die Gesetzgebung. Somit wurde das politische Leben zu einem wilden Strudel aus Koalitionen, Trennungen und Versöhnungen, wie bei einem verrückten Tanz, bei dem die Tänzer ihre Schritte improvisieren müssen. Eine Kabinettsumbildung wurde in der Presse beschrieben mit: „ein neuer Minister und fünf gebrauchte".

Unter der Partei *Prawo i Sprawiedliwość* (PiS, dt.: „Recht und Gerechtigkeit") erreichte diese Praxis ihren Höhepunkt. Diese „Kleinpolen" warfen im In- und Ausland so enthusiastisch mit Schimpfwörtern um sich, dass die Polen anfingen, sich um die Reputation ihres Landes Sorgen zu machen. Sie wählten darum die gemäßigte Partei *Platforma Obywatelska* (Bürgerplattform), die den Schaden, die die vorherige fremdenfeindliche Regierung in Polens Nachbarländern angerichtet hatte, wieder reparierte und das Land in vergleichsweise ruhiges Fahrwasser brachte. Anfangs gegenüber der EU und dem Euro sehr positiv gestimmt, haben wirtschaftliche Fehltritte in der Region die Regierung vorsichtig werden lassen. Das passt ganz gut, denn die Bewunderung des Durchschnittspolen für die EU und den Euro hat ebenfalls abgenommen.

›› Alles, was die Polen nun noch wollen, sind Machthaber, deren Gier oder Unfähigkeit nicht so groß sind, dass sie die ganze Nation in den Bankrott führen.

Nach dem Kommunismus wollten die Polen, dass ihre Regierung perfekt ist. Viel Zeit und heiße Luft wurde in die Umsetzung dieses Ideals investiert. Es sind nur noch wenige Perfektionisten übrig und ein neuer Pragmatismus hat die Oberhand. Die politische Pyrotechnik hat sich abgekühlt. Alles, was die Polen nun noch wollen, sind Machthaber, deren Gier oder Unfähigkeit nicht so groß sind, dass sie die ganze Nation in den Bankrott führen.

Die Wechselfälle des Lebens werden von den Polen trübselig, aber stoisch hingenommen. Der alte Spruch „Wir haben den Kapitalismus überlebt, wir werden auch den Kommunismus überleben", gilt nun in seiner Umkehrung, zusammen mit einem ironischen Achselzucken taugt er gar als Philosophie. Ein Graffitischreiber hat die Einstellung der Polen gegenüber Politikern am besten in Worte gefasst. Unter einem Schild in der Herrentoilette auf dem stand „Haken für Parlamentarier" hatte er hinzugefügt: „oder deren Jacken".

Die Sprache

Jeder, der behauptet, das polnische Alphabet bestünde aus lauter ‚s' und ‚z', übertreibt. Es ist nur etwa die Hälfte. Manche ‚z' sind gar keine Zetts, sondern nur Teil von zusammengesetzten Konsonanten wie ‚sz' oder ‚cz', die man als ‚sch' oder ‚tsch' ausspricht – Laute, die wie das Durchsägen eines Nagels klingen. Es gibt drei s-Laute: ‚s' wie ein normales ‚ß' und ‚s' wie in ‚sch' und das noch in einer „weichen" Variante – etwa wie Hummeln in einer Flasche. Und dann gibt es noch drei verschiedene ‚c'.

›› Jeder, der behauptet, das polnische Alphabet bestünde aus lauter ‚s' und ‚z', übertreibt. Es ist nur etwa die Hälfte.

Ein Punkt über einem ‚z' (ż) oder die Verbindung ‚rz' führt zu einem weiteren polnischen Laut – ähnlich einem startenden Flugzeug. Ein anderer Buchstabe, der zu Verwirrung führen kann, ist das durchgestrichene ‚l' (ł), das wie ein englisches ‚w' gesprochen wird, während das ‚w' tatsächlich wie im Deutschen gesprochen wird. Es gibt weitere Punkte, Cedillen und diakritische Zeichen, ohne die das Polnische in den Augen der Polen nackt aussieht.

Es gibt vereinzelte Berichte über Ausländer, denen es gelingt, Polnisch korrekt auszusprechen, aber nicht viele.

Zum Selbstlernen

Sollten Sie jemals zum Ausdruck bringen, dass Sie die polnische Sprache lernen wollen, werden die meisten Polen Ihnen nur allzu gern dabei behilflich sein. Wenn Sie nicht aufpassen, werden sie Ihnen den Satz *„chrząszcz brzmi w trzcinie"* (Ein Käfer brummt im Schilf) beibringen, der zu den schwierigsten Zungenbrechern überhaupt zählte, bis er durch einen tschechischen Zungenbrecher mit noch weniger Vokalen vom Sockel gestoßen wurde. Dazu gibt es einen Witz:

›› Es gibt vereinzelte Berichte über Ausländer, denen es gelingt, Polnisch korrekt auszusprechen, aber nicht viele.

Ein polnischer Einwanderer muss zum Beantragen eines Führerscheins einen Augentest machen. Der Prüfer fragt „Können Sie das lesen?" und hält dabei ein Schild mit den Buchstaben C Z J W I Z N O S T A C Z hoch.
Der Pole antwortet: „Wieso lesen? Ich kenne den Mann."

Wortbeugung und Verkleinerungsformen

Im Polnischen gibt es viele Beugungen: Alles wird dekliniert und konjugiert, sogar mehr als im Lateinischen. Aber es könnte noch schlimmer sein: Im Altpolnischen gab es drei Formen zur Bezeichnung der grammatischen Zahl – den Singular für eine Person, den Plural für viele Personen und dann noch den Dual für vertraute Zwiegespräche. Jetzt begegnet man Letzterem nur noch in merkwürdigen alten Sprichwörtern, wo man ihn am besten auch lässt.

Einer der Nebeneffekte des Beugens ist, dass die Wortreihenfolge unwichtig ist. Wie bei toupiertem Haar braucht es Stunden, um in Form zu kommen, aber wenn es einmal richtig sitzt, braucht es einen Wirbelsturm, um wieder auseinanderzugeraten. Anhand der Fallendungen kann man feststellen, was durch wen gemacht wird und warum. Das erklärt auch, warum Polen, deren Englisch nicht so gut ist, einen solch merkwürdigen Satzbau haben. Und es könnte erklären, warum andere Einwanderer in den USA die Polen als etwas schwer von Begriff ansahen (weshalb sie eine Zielscheibe für endlose Witze wurden).

» Anhand der Fallendungen kann man feststellen, was durch wen gemacht wird und warum.

Wenn also ein Pole etwas Merkwürdiges nach der Art von „Mann beißt Hund“ äußert, sollte man prüfen, ob das wirklich gemeint war. Es könnte sich auch lediglich um ein grammatisches Missverständnis handeln und nicht um die sensationelle Klatschgeschichte, nach der es klang. Polen, die behaupten „aufregend“ zu sein, sind mitnichten schrecklich eingebildet, sondern sie verwechseln lediglich das Partizip Aktiv und Passiv.

Während es früher im Polnischen wenige Übernahmen von Wörtern aus anderen Sprachen gab, übernehmen junge Polen jetzt alle möglichen englischen Begriffe, sehr zum Missfallen der Nicht-mehr-ganz-so-jungen. Die Fronten sind abgesteckt und es gibt Scharmützel über solche abscheulichen Importe wie „*hamburger*“ oder „*leasing*“. Aber eine Sprache, in der es nicht einmal ein Wort für *sitcom* gibt, steht dann eben auf verlorenem Posten.

Die Polen verniedlichen einfach jeden und alles. Jedes Nomen, egal ob es sich um Eigennamen oder Dinge handelt, hat eine Verniedlichungsform. Eine Katze, die nur *kot* genannt wird statt *kotek, koteczek, kicia* oder *kiciunia,* muss wirklich eine sehr große Katze sein. Ein *maleńki stoliczek* bringt fünf Gradierungen der Verniedlichung zum Ausdruck: *mały* bedeutet klein; *maleńki* – sehr klein; *stół* ist ein Tisch; *stolik* – ein kleiner Tisch; *stoliczek* – ein sehr kleiner Tisch. Aber ein *maleńki stoliczek* ist immer noch kein besonders kleiner Tisch. Das wäre ein *maluteńki stoliczek.*

›› Die Polen verniedlichen einfach jeden und alles.

In der Verniedlichungsform enden alle männlichen Namen auf -ek und alle weiblichen auf -sia, egal von welcher Form sie ausgehen. Małgorzata (Margarethe) wird so zu Małgosia, und das verkürzt man dann wiederum zu Gosia. Basia ist eine Abkürzung für Barbara und Kasia ist die Kurzform von Katarzyna (Katharina). Wenn man alle Frauen Ania nennt und alle Männer Krzyś (von Krzysztof – Christoph), hat man eine 50/50-Chance, dass es stimmt, obwohl es immer mehr Kinder mit ungewöhnlichen und nicht slawischen Namen gibt, zum Beispiel Damianek, Marlenka oder Waneska (Damian, Marlene und Vanessa). Nach einer Runde Wodka hat man sowieso keine Chance mehr. Im Zweifel sollte man sich daran erinnern, dass die meisten Polen es gewohnt sind, durch Fremde mit „Ähm, …" angesprochen zu werden. Man würdigt jedoch das Bemühen, es zumindest versucht zu haben.

KONIEC

[poln.: Ende]

Die Autorin

Die Lipniackis kamen (über Kasachstan und Palästina) nach Großbritannien, als Ewa drei Jahre alt war. Nach der Schullaufbahn in einem polnischen Klosterinternat in Northamptonshire schreckte sie nicht davor zurück, einen Abschluss in Polonistik an der London University zu machen.

Als Heranwachsende war sie eine der ersten englischen Polinnen, die auszog, das echte Polen wiederzuentdecken, und sie fand eine Menge Verwandte von den Wołomin-Polen bis zu denen von Częstochowa. Sie hat das Familiennetzwerk seitdem noch erweitert und durch ein Netzwerk aus Freunden ergänzt.

Als eingebürgerte Willesden-Polin hält sie enge Kontakte zu den Polen in Birmingham, Wolverhampton, Rugby und Galashiels aufrecht. Ihre Heimatstadt ist zu einem zentralen Knotenpunkt auf den polnischen Welthandelsrouten geworden, die die Polen aus Warschau, Krakau, Posen und Danzig mit denen aus New York, Toronto, Melbourne, Venezuela und Brasilien verbinden. Polnische Wurzeln sind lang und unzerstörbar wie die der Zaunwinde.

Von Beruf her Bibliothekarin, hat sie mehrere anspruchsvolle Werke über das Bibliothekswesen und eine Handvoll Kinderbilderbücher geschrieben, von denen die meisten durch ihre Cousine, eine Balham-Polin illustriert wurden.

Was mir noch aufgefallen ist ...

Die Polen ...

Poste ein Bild von diesen Seiten auf Instagram unter #fremdenversteher #reiseknowhow oder auf Facebook/Reise Know-How oder schick uns eine Mail an fremdenversteher@reise-know-how.de

Außerdem von Reise Know-How:

Außer den Fremdenverstehern gibt es von Reise Know-How viele Bücher rund ums Reisen und für die weite Welt.

Reiseführer

Mehr wissen, mehr sehen, mehr erleben: Die kompletten Reisehandbücher für fast alle touristisch interessanten Länder und Gebiete. Seit 35 Jahren Antworten auf alle praktischen Fragen von A bis Z, dazu Hintergründe, Geschichte und Geschichten.

CityTrip

Die handlichen, praktischen Stadtführer mit Faltplan und Web-App für den individuellen Kurztrip. Erhältlich für alle Metropolen und die schönsten Reiseziele, aber auch für viele kleinere Städte, die es noch zu entdecken gilt.

Kauderwelsch-Sprachführer

Die Kauderwelsch-Familie umfasst neben dem handlichen Sprachführer auch den dazu passenden AusspracheTrainer (mp3-Download oder Audio-CD). Kauderwelsch-Sprachführer bieten mehr als ein reines Phrasenbuch: Die knappe Einführung in die Grammatik, die Wort-für-Wort-Übersetzungen und das Wörterverzeichnis helfen, sich schnell in der neuen Sprache zu orientieren und sie bald selbst anzuwenden. Auch gut für Auffrischer.

KulturSchock

Die Bände in der Reihe KulturSchock sind so etwas wie die großen Brüder der Fremdenversteher. Sie stellen fundiert Hintergründe dar, erklären Verhaltensweisen und bieten Orientierungshilfe im Reisealltag. Insbesondere für alle empfohlen, die sich beruflich, als Reisende oder wegen familiärer Verbindungen länger in einem anderen Land aufhalten.

... und vieles mehr auf
www.reise-know-how.de

„Die Franzosen mögen es, wenn sich die Regierung in ihr Leben einmischt. [...] der Staat ist Frankreich (wie Kochen, Wein, Frauen, das Landleben, Paris, Kultur, Kinder, Freiheit-Gleichheit-Brüderlichkeit und ihr angeborenes Recht, auf dem Zebrastreifen zu parken)."

„Die meisten Nationen betrachten die Niederländer als organisiert und effizient – ähnlich den Deutschen, nur nicht so beeindruckend. [...] Die Bäume in der Landschaft sind in Linien gepflanzt und die schwarz-weißen Kühe sind in ordentlichen kleinen Gruppen arrangiert."

„Japaner sind von Haus aus gesellig – Individualität und Egoismus sind genauso willkommen wie ein Sumoringer, der sich am Büffet vordrängelt. [...] In Japan möchte sich jeder von allen anderen unterscheiden und zwar auf genau die gleiche Art."

„Die Engländer sind stolz auf ihren Sinn für *fair play* und nehmen an, dass dieser auch von allen anderen anerkannt und bewundert wird. [...] Wenn also ein Engländer sein Wort bricht, sollten die Ausländer gefälligst verstehen, dass es einen zwingenden Grund dafür gibt.“

„Aus schwedischer Perspektive sind die Unterschiede zwischen den nordischen Ländern gravierend. Dänemark ist horizontal, Norwegen ist vertikal, Island schmilzt weg, Finnland ist ein Labyrinth und Schweden ist atemberaubend idyllisch.“

„Die USA sind ein Land, in dem sich einst Abenteurer, religiöse Fanatiker und Außenseiter niederließen (eine demographische Mischung, die sich in den letzten 400 Jahren kaum geändert hat).“

In der Reihe „Die Fremdenversteher“ sind bisher erhältlich:

So sind sie, die Amerikaner	ISBN 978-3-8317-2870-1
So sind sie, die Engländer	ISBN 978-3-8317-2872-5
So sind sie, die Franzosen	ISBN 978-3-8317-2873-2
So sind sie, die Isländer	ISBN 978-3-8317-2875-6
So sind sie, die Italiener	ISBN 978-3-8317-2876-3
So sind sie, die Japaner	ISBN 978-3-8317-2877-0
So sind sie, die Niederländer	ISBN 978-3-8317-2874-9
So sind sie, die Österreicher	ISBN 978-3-8317-2878-7
So sind sie, die Polen	ISBN 978-3-8317-2879-4
So sind sie, die Schweden	ISBN 978-3-8317-2880-0

Alle Titel haben 108 Seiten und kosten 8,90 € (in Deutschland). Außerdem sind alle Titel auch als E-Book verfügbar, jeweils in den Formaten epub und mobi (für Amazon kindle).